KB026298

완전기초

혼자 배우는 브라질 포르투갈어 첫걸음

원마리엘라 지음

정진출판사

머리말

《혼자 배우는 브라질 포르투갈어 첫걸음》을 펴내며

국내에 많이 알려지지 않았던 중남미와 포르투갈, 스페인과 같은 남유럽 국가들이 최근 TV 프로그램에 자주 등장하면서 이들 국가에 대한 관심과 호기심이 증가하고 있습니다. 새로운 곳, 새로운 것에 대한 관심이 새로운 배움으로 이어질 수 있는 좋은 기회가 되기를 바랍니다.

포르투갈어에 대해 조금 이야기하자면, 포르투갈어는 약 2억 6천만 명이 사용하는 언어입니다. 사람들이 흔히 알고 있는 유럽의 포르투갈과 남미의 브라질 이외에도 모잠비크, 앙골라, 카보베르데, 기니비사우, 상투메프린시페 등 여러 아프리카 국가와 동티모르와 마카오에서도 포르투갈어를 사용합니다.

이 책은 브라질 포르투갈어에 초점이 맞춰져 있습니다. 유럽식 포르투갈어와는 발음이나 용어, 용법의 차이가 있으나 의사소통에 큰 어려움은 없을 것입니다.

누구나 쉽게 공부할 수 있도록 꼭 알아야 하는 표현과 설명을 적절히 담으려 노력했습니다. 많이 부족하지만 여러분이 포르투갈어를 배우기 시작하는 첫걸음에 조금이나마 도움이 되기를 바랍니다.

이 책을 집필하는 데 있어 도움을 주신 모든 분들께 깊이 감사드립니다.

Muito obrigada!

저자 원마리엘라

이 책의 주요 구성

기본회화
실생활에서 자주 쓰이는 화제를 실어서 실제 활용에 도움이 되도록 하였습니다.

기본회화 해설
기본회화에 나오는 주요 내용을 상세히 설명하여 누구나 쉽게 포르투갈어의 기본을 익힐 수 있도록 하였습니다.

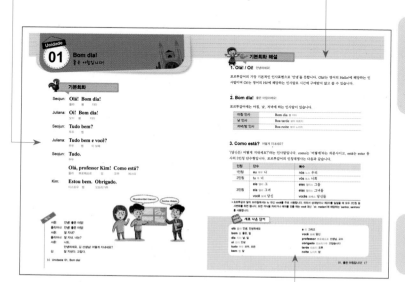

새로 나온 단어
대화에 나오는 주요 단어를 정리하였습니다.

주요표현
기본회화와 관련된 여러 가지 다른 표현들을 수록하여 다양한 학습이 되도록 하였습니다.

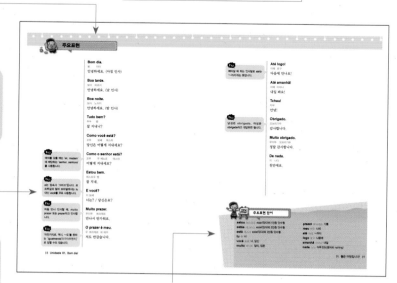

Tip
혼동하기 쉬운 표현이나 핵심이 되는 표현들을 의미 이해에 도움이 되도록 간략하게 설명하였습니다.

주요표현 단어
주요표현에 나오는 핵심 단어들을 정리하였습니다.

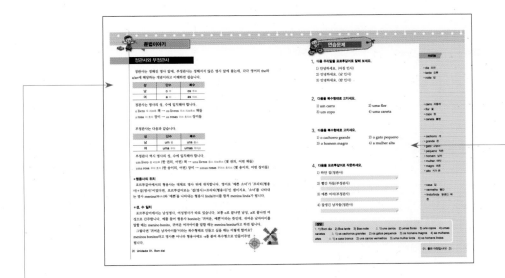

문법이야기

포르투갈어의 기본이 되는 문법과 용법을 정리
하여 응용력을 키우도록 하였습니다.

연습문제

해당 과에서 배운 것을 기초로 여러 가지 문제
를 풀면서 응용력을 키우도록 하였습니다.

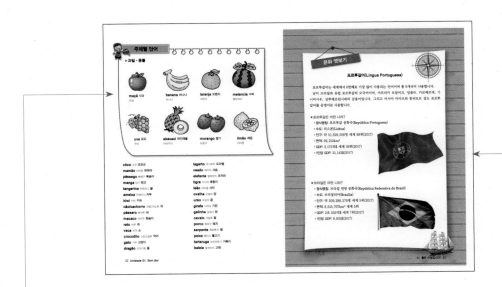

주제별 단어

본문에서 다루지 못한 생활에 꼭 필요한
단어들을 그림과 함께 수록하였습니다.

문화 엿보기

학습자들이 포르투갈어에 흥미를 갖도록 하기 위해
브라질과 포르투갈의 문화와 생활을 소개하였습니다.

 한 가지 학습자 여러분께 당부드리고 싶은 말은 이 책에 한글로 병기된 발음은 단지 참고로만 활용하시고, 정확한
발음은 녹음된 포르투갈 현지인의 발음을 따라하면서 습득하시기 바랍니다.

차례

발음편

포르투갈어의 문자와 발음

포르투갈어의 철자는 자음 21개 모음 5개로 총 26개입니다. 포르투갈어에서는 p, t, k 등을 [ㅍ, ㅌ, ㅋ]가 아닌 [ㅃ, ㄸ, ㄲ]의 된소리로 발음합니다.

1. 포르투갈어의 문자

■ 알파벳 Alfabeto[아우파베뚜]

문자		명칭	발음	문자		명칭	발음
A	a	a	아	N	n	eni	에니
B	b	be	베	O	o	o	오
C	c	ce	쎄	P	p	pe	뻬
D	d	de	데	Q	q	ke	께
E	e	e	에	R	r	erri	에히
F	f	efi	에피	S	s	esi	에씨
G	g	ge	제	T	t	te	떼
H	h	aga	아가	U	u	u	우
I	i	i	이	V	v	ve	베
J	j	jota	죠따	W	w	dabliu	다블류
K	k	ka	까	X	x	xis	쉬스
L	l	eli	엘리	Y	y	ipsilon	입실롱
M	m	emi	에미	Z	z	ze	제

▶ 포르투갈과 브라질에서는 서로 다르게 발음이 되는 철자가 있습니다. 이 책에서는 **브라질 포르투갈어** 발음을 적용하였습니다.

2. 포르투갈어의 발음

1) 자음

포르투갈어의 자음은 총 21개입니다. ch, lh, nh는 하나의 철자로 취급됩니다. 브라질 포르투갈어에서는 유럽식 포르투갈어와 달리 d, t에서 구개음화가 나타납니다.

B b
우리말 [ㅂ]과 비슷합니다.
bonito 보니뚜 귀여운　　　　　　　　bebida 베비다 음료수

C c
우리말 [ㄲ]과 비슷합니다.
carro 까후 자동차　　　　　　　　cavalo 까발루 말
우리말 [ㅆ]과 비슷합니다.
cebola 쎄볼라 양파　　　　　　　　cimento 씨멘뚜 시멘트

D d
d 다음에 모음 a, o, u가 오면 우리말 [ㄷ]과 비슷합니다.
dar 다르 주다　　　　　　　　dedo 데두 손가락
d 다음에 강세가 없는 모음 e 또는 i가 오면 우리말 [ㅈ]과 비슷합니다.
diamante 지아만치 다이아몬드　　　　felicidade 펠리시다지 행복

F f
우리말 [ㅍ]과 비슷합니다.
flor 플로르 꽃　　　　　　　　faculdade 파꿀다지 학부

G g
g 다음에 모음 a, o, u가 오면 우리말 [ㄱ]처럼 발음합니다.
gato 가뚜 고양이　　　　　　　　gostoso 고스또주 맛있는
g 다음에 모음 e, i가 오면 우리말 [ㅈ]처럼 발음합니다.
gente 젠치 사람들　　　　　　　　girassol 지라쏘우 해바라기
gue, gui의 경우 우리말 [게] [기]처럼 발음합니다.
guerra 게하 전쟁　　　　　　　　sangue 쌍기 피

H h
묵음입니다.
hoje 오지 오늘　　　　　　　　hotel 오떼우 호텔

J j
우리말 [ㅈ]처럼 발음합니다.
jogo 죠구 경기　　　　　　　　janela 쟈넬라 창문

K k
우리말 [ㄲ]처럼 발음합니다. 보통 외래어에 쓰입니다.
Kosovo 꼬조부 코소보

L l

우리말 [ㄹ]처럼 발음합니다.

laranja 라랑쟈 오렌지　　　　　　　　livre 리브리 자유로운

h와 결합되어 하나의 철자 lh로 쓰일 경우 [랴][례][리][료][류]와 같이 발음합니다.

batalha 바딸랴 전투　　　　　　　　milho 밀류 옥수수

음절 끝에 오는 경우 [우]처럼 발음합니다.

gentil 젠치우 친절한　　　　　　　　sol 쏘우 해

M m

우리말 [ㅁ]처럼 발음합니다.

mala 말라 여행가방　　　　　　　　macaco 마까꾸 원숭이

음절 끝에 오는 경우 [ㅇ]처럼 발음합니다.

nuvem 누벵 구름　　　　　　　　　viagem 비아젱 여행

N n

우리말 [ㄴ]처럼 발음합니다.

nascer 나쎄르 태어나다　　　　　　navio 나비우 선박

h와 결합되어 하나의 철자 nh로 쓰일 경우 [냐(야)][녜(예)][늬(의)][뇨(요)][뉴(유)]와
같이 발음합니다.

galinha 갈링야 닭　　　　　　　　dinheiro 지네이루 돈

P p

우리말 [ㅃ]처럼 발음합니다.

pai 빠이 아버지　　　　　　　　　pepino 뻬삐누 오이

Q q

우리말 [ㄲ]처럼 발음합니다.

parque 빠르끼 공원　　　　　　　queijo 께이쥬 치즈

R r

모음과 모음 사이에 오는 경우 우리말 [ㄹ]처럼 발음합니다.

gerente 제렌치 매니저　　　　　　caro 까루 비싼

단어 처음에 올 때나 rr로 쓰이는 경우 [ㅎ]처럼 발음합니다.

roupa 호우빠 옷　　　　　　　　torre 또히 탑

S s

단어 처음에 올 때나 ss로 쓰이는 경우 우리말 [ㅆ]처럼 발음합니다.

sapo 싸뽀 개구리　　　　　　　massa 마싸 반죽

모음과 모음 사이에 오는 경우 [ㅈ](ㅅ과 ㅈ 중간)으로 발음합니다.

casa 가자 집　　　　　　　　　rosa 호자 장미

T t

우리말 [ㄸ]처럼 발음합니다.

natal 나따우 성탄절　　　　　　tomate 또마치 토마토

강세가 없는 모음 e 또는 i와 만나는 경우 [ㅊ]으로 발음합니다.

forte 포르치 강한 **tigre** 치그리 호랑이

V v

우리말 [ㅂ]처럼 발음합니다.

uva 우바 포도 **inverno** 인베르누 겨울

W w

외래어를 표기할 때 사용되며 우리말 [ㅜ]처럼 발음합니다.

kiwi 끼위 키위

X x

단어 처음이나 단어 끝 음절 앞에 오는 경우 우리말 [쉬]처럼 발음합니다.

xarope 샤로삐 시럽 **lixo** 리슈 쓰레기

ex가 모음과 만나는 경우 [ㅈ(z)]으로 발음합니다.

exemplo 에젬쁠루 예

ex가 자음과 만나는 경우 [ㅅ], 단어 중간에 오는 경우 [ㅆ]으로 발음합니다.

explicar 에스쁠리까르 설명하다 **próximo** 쁘로씨무 다음

기타 예외의 경우 [ㄱㅆ]으로 발음합니다.

sexo 쎅쑤 성별 **axila** 악씰라 겨드랑이

Y y

[ya 야], [yo 요] 등과 같이 발음합니다. 보통 외래어에 쓰입니다.

Yasmin 야스민 야스민

Z z

단어 처음에 올 때나 모음과 모음 사이에 오는 경우 우리말 [ㅈ](ㅅ과 ㅈ 중간)으로 발음합니다.

certeza 쎄르떼자 확신 **zero** 제루 0

단어 끝에 오는 경우 [ㅆ]로 발음합니다.

paz 빠쓰 평화 **juiz** 쥬이쓰 판사

2) 모음

포르투갈어의 모음은 a[아], e[에], i[이], o[오], u[우] 다섯 개입니다. 이 중 a, e, o는 강모음, i, u는 약모음이라 칭합니다.

A a

우리말 [아]처럼 발음합니다.

água 아구아 물 **alto** 아우뚜 키 큰

E e

우리말 [에] [이]처럼 발음합니다.

herói 에로이 영웅 **saúde** 싸우지 건강

I i	우리말 [이]처럼 발음합니다.

irmão 이르마웅 형, 동생　　　　　　　**ilha** 일랴 섬

O o	우리말 [오] [우]처럼 발음합니다.

ovo 오부 달걀　　　　　　　　　　　**caderno** 까데르누 공책

U u	우리말 [우]처럼 발음합니다.

universidade 우니베르씨다지 대학교　　**úmido** 우미두 습하다

> 포르투갈어에는 이중모음이 있는데, 하나의 모음으로 간주합니다.
> '강모음+약모음', 또는 '약모음+약모음'의 형태로 이루어집니다.

caixa 까이샤 상자　　　　　　　　　**aula** 아울라 수업

beijo 베이쥬 입맞춤　　　　　　　　　**oito** 오이뚜 8, 여덟

cuidar 꾸이다르 돌보다

3. 포르투갈어의 악센트

1) 일반적으로 뒤에서 두 번째 음절에 강세가 놓입니다.

　　jovem 조벵 젊은이　　　　　　　**livro** 리브루 책

　　casa 까자 집　　　　　　　　　　**imagem** 이마젱 이미지

2) l, r, z, i, im, u, um으로 끝나는 단어는 마지막 음절에 강세가 놓입니다.

　　total 또따우 전체　　　　　　　　**amor** 아모르 사랑

　　jardim 자르징 정원

3) 예외가 있는 단어는 강세를 표시합니다.

　　• 열린음(´) agudo[아구두]

　　café 까페 커피　　　　　　　　　　**fácil** 파씨우 쉬운

　　• 닫힌음(^) circunflexo[씨르꿍플렉쑤]

　　português 뽀르뚜게스 포르투갈어　　**ônibus** 오니부스 버스

　　• 비음(~) til[치우]

　　estação 에스따싸웅 역, 정거장　　　**canção** 깐싸웅 노래

　　• 부호(ç) cedilha[쎄질랴] ← s 발음

　　açúcar 아쑤까르 설탕　　　　　　　**maçã** 마쌍 사과

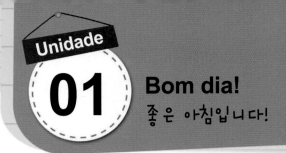

Unidade 01

Bom dia!
좋은 아침입니다!

 기본회화

Seojun: **Olá! Bom dia!**
올라 봉 지아

Juliana: **Oi! Bom dia!**
오이 봉 지아

Seojun: **Tudo bem?**
뚜두 벵

Juliana: **Tudo bem e você?**
뚜두 벵 이 보쎄

Seojun: **Tudo.**
뚜두

Olá, professor Kim! Como está?
올라 쁘로페쏘르 낑 꼬무 에스따

Kim: **Estou bem. Obrigado.**
이스또우 벵 오브리가두

서준: 안녕! 좋은 아침!
줄리아나: 안녕! 좋은 아침!
서준: 잘 지내?
줄리아나: 잘 지내. 너는?
서준: 나도.
안녕하세요, 김 선생님! 어떻게 지내세요?
김: 잘 지낸다. 고맙다.

1. Olá! / Oi! 안녕하세요!

포르투갈어의 가장 기본적인 인사표현으로 '안녕'을 뜻합니다. Olá!는 영어의 Hello!에 해당하는 인사말이며, Oi!는 영어의 Hi!에 해당하는 인사말로 시간에 구애받지 않고 쓸 수 있습니다.

2. Bom dia! 좋은 아침이에요!

포르투갈어에는 아침, 낮, 저녁에 하는 인사말이 있습니다.

아침 인사	Bom dia 봉 지아
낮 인사	Boa tarde 보아 따르지
저녁/밤 인사	Boa noite 보아 노이치

3. Como está? 어떻게 지내세요?

'(당신은) 어떻게 지내세요?'라는 인사말입니다. como는 '어떻게'라는 의문사이고, está는 estar 동사의 직설법 3인칭 단수형입니다. 포르투갈어의 인칭대명사는 다음과 같습니다.

인칭	단수	복수
1인칭	eu 에우 나	nós 노스 우리
2인칭	tu 뚜 너	vós 보스 너희
3인칭	ele 엘리 그 ela 엘라 그녀 você 보쎄 당신	eles 엘리스 그들 elas 엘라스 그녀들 vocês 보쎄스 당신들

▶ 포르투갈과 달리 브라질에서는 tu 대신 você를 주로 사용합니다. 따라서 상대방이나 제3자를 일컬을 때 모두 3인칭 동사변화를 하면 됩니다. 또한 격식을 차리거나 예의를 갖출 때는 você 대신 'sir, madam'에 해당하는 'senhor, senhora'를 사용합니다.

 새로 나온 단어

olá 올라 안녕, 안녕하세요
bom 봉 좋은, 잘
dia 지아 날, 일
oi 오이 안녕
tudo 뚜두 모두, 모든
bem 벵 잘

e 이 그리고
você 보쎄 당신
professor 쁘로페쏘르 선생님, 교수
obrigado 오브리가두 고맙습니다
tarde 따르지 오후
noite 노이치 밤

Bom dia.

봉　　지아

안녕하세요. (아침 인사)

Boa tarde.

보아 따르지

안녕하세요. (낮 인사)

Boa noite.

보아 노이치

안녕하세요. (밤 인사)

Tudo bem?

뚜두　벵

잘 지내니?

Como você está?

꼬무　　보쎄　에스따

당신은 어떻게 지내세요?

Como o senhor está?

꼬무　우 쎄뇨르　　에스따

어떻게 지내세요?

Tip

예의를 갖출 때는 'sir, madam'에 해당하는 'senhor, senhora'를 사용합니다.

Estou bem.

에스또우 벵

잘 지내.

Tip

e는 접속사 '그리고'입니다. 포르투갈과 달리 브라질에서는 tu 대신 você를 주로 사용합니다.

E você?

이 보쎄

너는? / 당신은요?

Tip

처음 만나 인사할 때, muito prazer 또는 prazer라고 인사합니다.

Muito prazer.

무이뚜　쁘라제르

만나서 반가워요.

Tip

'마찬가지로, 역시, ~도'를 뜻하는 'igualmente[이구아우멘치]'로 답할 수도 있습니다.

O prazer é meu.

우 쁘라제르 에 메우

저도 반갑습니다.

Tip

헤어질 때 하는 인사말로 até는 '~까지'라는 뜻입니다.

Até logo!

아떼 로구

다음에 만나요!

Até amanhã!

아떼 아마냐

내일 봐요!

Tchau!

차우

안녕!

Tip

남성은 obrigado, 여성은 obrigada라고 대답하면 됩니다.

Obrigado.

오브리가두

감사합니다.

Muito obrigado.

무이뚜 오브리가두

정말 감사합니다.

De nada.

지 나다

천만에요.

주요표현 단어

como 꼬무 어떻게

você 보쎄 너, 당신

está 에스따 estar(있다)의 3인칭 단수형

estou 에스또우 estar(있다)의 1인칭 단수형

senhor 쎄뇨르 ~님, ~씨

muito 무이뚜 많이, 많은

prazer 쁘라제르 기쁨

meu 메우 나의

até 아떼 ~까지

logo 로구 나중에

amanhã 아마냐 내일

nada 나다 아무것도(영어의 nothing)

정관사와 부정관사

정관사는 정해진 명사 앞에, 부정관사는 정해지지 않은 명사 앞에 붙는데, 각각 영어의 the와 a/an에 해당하는 개념이라고 이해하면 쉽습니다.

성	단수	복수
남	o 우	os 우스
여	a 아	as 아스

정관사는 명사의 성, 수에 일치해야 합니다.
o livro 우 리브루 책 → **os** livros 우스 리브루스 책들
a rosa 아 호자 장미 → **as** rosas 아스 호자스 장미들

부정관사는 다음과 같습니다.

성	단수	복수
남	um 웅	uns 웅스
여	uma 우마	umas 우마스

부정관사 역시 명사의 성, 수에 일치해야 합니다.
um livro 웅 리브루 (한 권의, 어떤) 책 → **uns** livros 웅스 리브루스 (몇 권의, 어떤 책들)
uma rosa 우마 호자 (한 송이의, 어떤) 장미 → **umas** rosas 우마스 호자스 (몇 송이의, 어떤 장미들)

● 형용사의 위치

포르투갈어에서의 형용사는 대체로 명사 뒤에 위치합니다. 영어로 '예쁜 소녀'가 '프리티(형용사)+걸(명사)'이었다면, 포르투갈어로는 '걸(명사)+프리티(형용사)'인 셈이지요. '소녀'를 나타내는 명사 menina[메니나]와 '예쁜'을 나타내는 형용사 linda[린다]를 합쳐 menina linda가 됩니다.

● 성, 수 일치

포르투갈어에서는 남성명사, 여성명사가 따로 있습니다. 보통 o로 끝나면 남성, a로 끝나면 여성으로 간주합니다. 예를 들어 형용사 bonito는 '귀여운, 예쁜'이라는 뜻인데, 귀여운 남자아이를 말할 때는 menino bonito, 귀여운 여자아이를 말할 때는 menina bonita라고 하면 됩니다.
그렇다면 '귀여운 남자아이들'이라는 복수형태로 만들고 싶을 때는 어떻게 할까요?
meninos bonitos라고 명사뿐 아니라 형용사에도 -s를 붙여 복수형으로 만들어주면 됩니다.

연습문제

1. 다음 우리말을 포르투갈어로 말해 보세요.

1) 안녕하세요. (아침 인사)

2) 안녕하세요. (낮 인사)

3) 안녕하세요. (밤 인사)

2. 다음을 복수형태로 고치세요.

1) um carro   2) uma flor

3) um copo   4) uma caneta

3. 다음을 복수형태로 고치세요.

1) o cachorro grande   2) o gato pequeno

3) o homem magro   4) a mulher alta

4. 다음을 포르투갈어로 작문하세요.

1) 하얀 집(정관사)

2) 빨간 차들(부정관사)

3) 예쁜 여자(부정관사)

4) 잘생긴 남자들(정관사)

---

note

- dia 오전
- tarde 오후
- noite 밤

- carro 자동차
- flor 꽃
- copo 컵
- caneta 볼펜

- cachorro 개
- grande 큰
- gato 고양이
- pequeno 작은
- homem 남자
- magro 마른
- mulher 여자
- alto 키가 큰

- branco 흰
- casa 집
- vermelho 빨간
- lindo/linda 잘생긴, 예쁜

정답

1. 1) Bom dia. 2) Boa tarde. 3) Boa noite.   2. 1) uns carros 2) umas flores 3) uns copos 4) umas canetas   3. 1) os cachorros grandes 2) os gatos pequenos 3) os homens magros 4) as mulheres altas   4. 1) a casa branca 2) uns carros vermelhos 3) uma mulher linda 4) os homens lindos

▶ 과일 · 동물

maçã 사과
마쌍

banana 바나나
바나나

laranja 오렌지
라란쟈

melancia 수박
멜란씨아

uva 포도
우바

abacaxi 파인애플
아바까시

morango 딸기
모랑구

limão 레몬
리마웅

côco 꼬꾸 코코넛

mamão 마마웅 파파야

pêssego 뻬쎄구 복숭아

manga 망가 망고

tangerina 딴제리나 귤

ameixa 아메이샤 자두

kiwi 끼위 키위

cão/cachorro 까웅/까쇼후 개

pássaro 빠싸루 새

macaco 마까꾸 원숭이

rato 하뚜 쥐

vaca 바까 소

crocodilo 끄로꼬질루 악어

gato 가뚜 고양이

dragão 드라가웅 용

lagarto 라가르뚜 도마뱀

veado 베아두 사슴

elefante 엘레판치 코끼리

tigre 치그리 호랑이

leão 리아웅 사자

ovelha 오벨랴 양

urso 우르쑤 곰

girafa 지라파 기린

galinha 갈링야 닭

cavalo 까발루 말

porco 뽀르꾸 돼지

serpente 쎄르뻰치 뱀

peixe 뻬이시 물고기

tartaruga 따르따루가 거북이

baleia 발레이아 고래

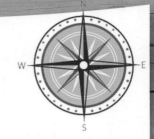

포르투갈어(Língua Portuguesa)

포르투갈어는 세계에서 6번째로 가장 많이 사용되는 언어이며 총 9개국이 사용합니다.
남미 브라질과 유럽 포르투갈의 모국어이며, 아프리카 모잠비크, 앙골라, 카보베르데, 기니비사우, 상투메프린시페의 공용어입니다. 그리고 아시아 마카오와 동티모르 섬도 포르투갈어를 공영어로 사용합니다.

● **포르투갈은 어떤 나라?**

- 정식명칭: 포르투갈 공화국(República Portuguesa)
- 수도: 리스본(Lisboa)
- 인구: 약 10,329,506명 세계 88위(2017)
- 면적: 92,212km²
- GDP: 2,176억$ 세계 47위(2017)
- 1인당 GDP: 21,136$(2017)

● **브라질은 어떤 나라?**

- 정식명칭: 브라질 연방 공화국(República Federativa do Brasil)
- 수도: 브라질리아(Brasília)
- 인구: 약 209,288,278명 세계 5위(2017)
- 면적: 8,515,767km² 세계 5위
- GDP: 2조 555억$ 세계 8위(2017)
- 1인당 GDP: 9,821$(2017)

기본회화

Hayeon: **Olá, João. Você é brasileiro?**
올라   주앙   보쎄   에 브라질레이루

João: **Não, sou português.**
나웅   쏘우 뽀르뚜게스

Hayeon: **Você é estudante?**
보쎄   에 에스뚜단치?

João: **Não, sou professor de história.**
나웅   쏘우 쁘로페쏘르   지 이스또리아

Hayeon: **Eu também sou professora.**
에우 땀벵   쏘우 쁘로페쏘라

João: **Ah, é? De onde você é?**
아   에 지 온지 보쎄 에

Hayeon: **Sou da Coreia.**
쏘우   다 꼬레이아

João: **Você é muito bonita.**
보쎄   에 무이뚜   보니따

해석

하연: 주앙, 안녕. 너는 브라질 사람이니?
주앙: 아니, 나는 포르투갈 사람이야.
하연: 너는 학생이니?
주앙: 아니, 나는 역사 교사야.
하연: 나도 교사야.
주앙: 아, 그래? 너는 어느 나라 출신이니?
하연: 나는 한국 출신이야.
주앙: 너 정말 예쁘다.

Eu também sou professora.

Ah, é? De onde você é?

1. Você é brasileiro? 너는 브라질 사람이니?

ser 동사는 '~이다'의 의미로 주어의 본질이나 속성 그리고 이름, 신분, 출신 등 변하지 않는 성질을 나타낼 때 사용됩니다. 따라서 출신은 변할 수 없기 때문에 주어 você에 맞는 ser 동사의 직설법 현재 3인칭 단수형 é와 함께 씁니다. 예를 들어, '너는 한국이니?'는 Você é coreano?라고 하면 됩니다.

2. Sou professor de história. 나는 역사 교사이다.

직업 역시 ser 동사와 함께 나타냅니다. eu(나)에 맞는 ser 동사 1인칭 단수형 sou와 함께 직업을 나타냅니다. de는 전치사로 '~의'라는 뜻입니다. 따라서 professor de história는 '역사 교사'라는 뜻입니다. '여자 교사'는 당연히 professora가 됩니다. 그렇다면, '우리는 역사 교사들이다'는 어떻게 표현할까요? 성과 수에 주의해서 Somos professores de história.라고 하면 됩니다.

3. De onde você é? 너는 어디 출신이니?

'어디'를 뜻하는 의문사 onde 앞에 de가 왔습니다. de는 여러 가지 뜻을 가진 전치사로, 이 문장에서는 '~에서'라는 뜻으로 쓰였는데 이렇게 전치사와 의문사가 함께 쓰일 때는 전치사가 의문사 앞에 옵니다. onde 하나만 쓰면 '어디'이지만, de onde는 '어디에서'라는 뜻이 됩니다. 즉, '어디에서 왔니?', '어디 출신이니?'를 뜻하는 문장입니다.

4. Você é muito bonita. 너 정말 예쁘다.

형용사 bonita는 '예쁜'이라는 외모를 나타내는 말로 본질적인 의미입니다. 따라서 muito(매우)와 함께 '너 매우 예쁘다'가 된 것입니다. 잘생긴 남자에게는 'Você é muito bonito.'라고 말하면 되겠죠?

새로 나온 단어

olá 올라 안녕
é 에 ser(~이다)의 3인칭 단수형
brasileiro 브라질레이루 브라질 사람
sou 쏘우 ser(~이다)의 1인칭 단수형
português 뽀르뚜게스 포르투갈 사람
estudante 에스뚜단치 학생
professor/professora 쁘로페쏘르/쁘로페쏘라 선생님

de 지 ~의
história 이스또리아 역사
eu 에우 나
também 땀벵 역시
onde 온지 어디(의문사)
Coreia 꼬레이아 한국
bonito/bonita 보니뚜/보니따 예쁜, 멋진

주요표현

Tip

전치사 de와 정관사 a가 만나 da가 되었습니다.
단수 de+o=do/de+a=da
복수 de+os=dos/de+a=das

Tip

출신은 'ser+de+국명' 또는 'ser+국민' 두 가지 표현으로 나타낼 수 있습니다. 국가의 성에 따라 do, da가 됩니다. 브라질 출신은 'ser+de+o Brasil'이므로 sou do Brasil가 됩니다.

Tip

seu는 '당신의'를 뜻하는 소유대명사입니다.

Tip

성은 sobrenome이고, 별명은 'apelido[아뻴리두]'라고 합니다.

Tip

dele는 전치사 de와 인칭대명사 ele가 만난 것입니다. '그의'를 뜻합니다.
단수 de+ele=dele/de+ela=dela
복수 de+eles=deles/de+elas =delas

Tip

부정문은 동사 앞에 não를 붙이면 됩니다.

De onde você é?
지 온지 보쎄 에
너 어디 출신이니?

Sou da Coreia do Sul.
쏘우 다 꼬레이아 두 쑤
나는 한국 출신이야.

Sou coreano.
쏘우 꼬리아누
나는 한국인이야.

Qual é o seu nome?
꽈우 에 우 쎄우 노미
이름이 뭐예요?

Meu nome é Joana.
메우 노미 에 주아나
제 이름은 주아나입니다.

Qual é o seu sobrenome?
꽈우 에 우 쎄우 쏘브리노미
성이 뭐예요?

Qual é a profissão dele?
꽈우 에 아 쁘로피싸웅 델리
그의 직업은 뭐예요?

Ele é professor.
엘리 에 쁘로페쏘르
그는 교수입니다.

Ele não é estudante.
엘리 나웅 에 에스뚜단치
그는 학생이 아닙니다.

Somos baixos.
쏘무스 바이슈스
우리는 키가 작다.

Vocês não são altos.

보쎄스 나웅 싸웅 아우뚜스

너희는 키가 크지 않다.

Quanto é?

꽌뚜 에

얼마예요?

É um dólar.

에 웅 돌라르

1달러입니다.

São cinco dólares.

싸웅 씽꾸 돌라리스

5달러입니다.

É caro.

에 까루

비싸요.

Não é barato.

나웅 에 바라뚜

싸지 않아요.

Tip

1달러는 단수이므로 dólar, 5달러는 복수이므로 dólares가 됩니다.

word power 주요표현 단어

coreano 꼬리아누 한국 사람, 한국의	**baixo** 바이슈 키가 작은
qual 꽈우 무엇	**alto** 아우뚜 키가 큰
nome 노미 이름	**quanto** 꽌뚜 몇, 얼마
sobrenome 쏘브리노미 성	**dólar** 돌라르 달러
profissão 쁘로피싸웅 직업	**caro** 까루 비싼
professor 쁘로페쏘르 선생님, 교사	**barato** 바라뚜 싼
estudante 에스뚜단치 학생	**não** 나웅 아니

문법이야기

ser 동사의 용법

ser(이다)는 주어의 본질, 즉 변하지 않는 성질이나 영원한 진리를 나타내는 동사입니다. 외모, 성격, 성별, 직업 등을 나타냅니다.

ser 동사의 직설법 현재형 변화는 다음과 같습니다.

인칭대명사(단수)	ser 동사	인칭대명사(복수)	ser 동사
eu 에우 나	sou 쏘우	nós 노스 우리	somos 쏘무스
tu 뚜 너	és 에쓰	vos 보스 너희	sois 쏘이스
ele 엘리, ela 엘라, você 보쎄 그, 그녀, 당신	é 에	eles, elas, vocês 엘리스, 엘라스, 보쎄스 그들, 그녀들, 당신들	são 싸웅

*브라질에서는 2인칭 변화(tu/vos)를 거의 사용하지 않습니다. 따라서 2인칭에 해당되는 '너/너희들'은 você/vocês로 3인칭 동사변화를 해줍니다.

그럼 좀 더 자세히 ser 동사의 용법에 대해 알아보겠습니다.

1. ser는 형용사, 명사, 대명사와 함께 쓰여 주어의 본질을 나타냅니다.

   Ela é alta. 엘라 에 아우따 그녀는 키가 크다.

   Sou bonito. 쏘우 보니뚜 나는 잘생겼다.

2. 변하지 않는 영원한 진리를 표현합니다.

   O gelo é frio. 우 젤루 에 프리우 얼음은 차갑다.

   A neve é branca. 아 네비 에 브랑까 눈은 하얗다.

3. 전치사 de와 함께 쓰여 소유, 출신, 재료 등을 나타내기도 합니다. de가 정관사 o와 만나면 'do', 정관사 a와 만나면 'da'가 됩니다.

   O vinho é do Chile. 우 비뉴 에 두 실리 이 와인은 칠레산이다.

   O livro é da María. 우 리브루 에 다 마리아 이 책은 마리아 것이다.

4. 시간, 때, 가격을 나타냅니다.

   Que horas são? 끼 오라스 싸웅 몇 시입니까?

   Que dia é hoje? 끼 지아 에 오지 오늘이 며칠입니까?

   Quanto é? 꽌뚜 에 얼마예요?

이제 부정문을 만들어 보겠습니다. 긍정문의 동사 바로 앞에 não를 붙이기만 하면 됩니다.

   Ela é linda. 엘라 에 린다 그녀는 예쁘다.

   ⇨ **Ela não é linda.** 엘라 나웅 에 린다 그녀는 예쁘지 않다.

연습문제

1. 괄호 안에 ser 동사를 주어에 맞게 변화시켜 넣으세요.

1) De onde (　　) eles? 그들은 어디 출신입니까?

2) Nós (　　) brasileiros. 우리는 브라질 사람입니다.

3) Ela (　　) bonita. 그녀는 예쁘다.

4) Este biscoito (　　) da Coreia. 이 과자는 한국 산이다.

5) Eu (　　) baixo. 나는 키가 작다.

2. 다음을 포르투갈어로 작문해 보세요.

1) 주앙과 줄리아나는 어디 출신이니?

2) 우리는 한국에서 왔고 그녀는 포르투갈에서 왔어.

3) 너희는 학생들이니?

4) 이 초콜릿은 스위스 산이다.

3. 다음 문장들의 틀린 부분을 바르게 고치세요.

1) Ele são estudante.

2) Nós são da Coreia do Sul.

3) Ela é não professora.

4) Você é bonitos.

5) Você é de chinês.

---

note

- de ～의
- onde 어디
- nós 우리
- brasileiro 브라질 사람
- bonito 예쁜, 귀여운
- biscoito 과자
- baixo 키가 작은

- Portugal 포르투갈
- estudante 학생
- chocolate 초콜릿
- Suíça 스위스

- professor 선생님
- chinês 중국인

정답

1. 1) são 2) somos 3) é 4) é 5) sou   2. 1) De onde são João e Juliana?   2) Somos da Coreia e ela é de Portugal.   3) Vocês são estudantes?   4) O chocolate é da Suíça.

3. 1) Ele é estudante.   2) Nós somos da Coreia do Sul.   3) Ela não é professora.   4) Você é bonito.   5) Você é chinês./Você é da China.

주제별 단어

▶ 국가 이름

Coreia do Sul 한국
꼬레이아 두 쑤

Portugal 포르투갈
뽀르뚜가우

Brasil 브라질
브라지우

China 중국
시나

Estados Unidos 미국
에스따두스 우니두스

Espanha 스페인
에스빠냐

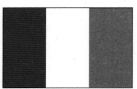

França 프랑스
프란싸

Japão 일본
자빠웅

Inglaterra 잉글라떼하 영국

Rússia 후씨아 러시아

Alemanha 알레마냐 독일

Suécia 쑤에씨아 스웨덴

Suíça 쑤이싸 스위스

Argentina 아르젠치나 아르헨티나

Paraguai 빠라과이 파라과이

Colombia 꼴롬비아 콜롬비아

Chile 실리 칠레

Canadá 까나다 캐나다

Tailândia 따일란디아 태국

Vietnã 비에치나 베트남

Índia 인디아 인도

Malásia 말라지아 말레이시아

Coreia do Norte 꼬레이아 두 노르치 북한

〈주요 도시명〉

Seul 쎄우 서울

Lisboa 리스보아 리스본

Brasília 브라질리아 브라질리아

Paris 빠리스 파리

Londres 론드레스 런던

Roma 호마 로마

Nova Iorque 노바 이오르끼 뉴욕

Cidade do México 씨다지 두 메시꾸 멕시코시티

Pequim 뻬낑 북경

Tóquio 또끼우 도쿄

Hanói 하노이 하노이

Moscovo 모스꼬부 모스크바

Estocolmo 에스또꼬우무 스톡홀름

Copenhague 꼬뻰하기 코펜하겐

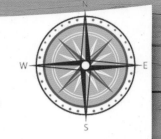

포르투갈의 도시(Cidades Portuguesas)

최근 〈비긴어게인2〉, 〈원나잇 푸드트립〉과 같은 프로그램에서 포르투갈의 아름다운 도시들이 등장하여 많은 분들이 포르투갈 여행을 꿈꾸시리라 생각됩니다. 그럼 유럽의 최고 관광지로 꼽히는 포르투갈의 주요 도시들에 대해 알아보겠습니다.

● 리스본(Lisboa)

포르투갈어로는 리스보아(Lisboa)라고 합니다. 포르투갈의 수도이자 최대 도시이며, 테주강(타호강)의 삼각 하구에 위치해 있습니다. 리스본의 인구는 50만 명이 조금 넘고, 18개의 지방자치단체가 포함된 리스본 수도권에는 약 280만 명이 거주합니다. 리스본의 역사적인 벨렘 지구에는 포르투갈의 탐험가들을 기념하기 위해 16세기에 세워진 제로니무스 수도원(Mosteiro dos Jerónimos)과 인도 항로를 개척한 위대한 항해자 바스코 다 가마(Vasco da Gama)의 원정을 기리는 벨렝탑(Torre de Belém)이 있습니다.

● 포르투(Porto)

포르투갈 북부에 위치한 항구 도시 포르투는 영어로 오포르투(Oporto)라고 하며 포르투갈의 제2의 도시입니다. 인구는 약 24만 명이며 17개의 지방자치단체가 포함된 포르투 수도권에는 약 180만 명이 거주합니다. 역사적인 건물이 많이 남아 있는 포르투 역사지구는 유네스코 세계 문화유산으로 지정되었습니다.

Unidade 03

Como posso ir até lá?

거기까지 어떻게 가나요?

기본회화

Ana: **Com licença, há uma padaria perto daqui?**
꽁 리쎈싸 아 우마 빠다리아 뻬르뚜 다끼

Jiho: **Sim, há uma na avenida Brasil.**
씽 아 우마 나 아베니다 브라지우

Fica ao lado da igreja.
피까 아우 라두 다 이그레쟈

Ana: **Como posso ir até lá?**
꼬무 뽀쑤 이르 아떼 라

Jiho: **Siga em frente e vire à direita na rua Santa Cruz.**
씨가 엥 프렌치 이 비리 아 지레이따 나 후아 싼타 끄루쓰

Ana: **Muito obrigada.**
무이뚜 오브리가다

Jiho: **De nada.**
지 나다

> Como posso ir até lá?

> Siga em frente e vire à direita na rua Santa Cruz.

해석

아나: 실례합니다. 이 근처에 빵집이 있나요?
지호: 네, 브라질 대로에 있어요.
　　　교회 옆이에요.
아나: 어떻게 가면 되나요?
지호: 쭉 가세요. 그리고 싼타 크루스 길에서 오른쪽으로 도세요.
아나: 정말 감사합니다.
지호: 천만에요.

1. Há uma padaria perto daqui? 이 근처에 빵집이 있나요?

haver[아베르]는 '존재'를 나타낼 때 3인칭 단수형태로 써 줍니다.

Há coisas que não mudam. 아 꼬이자스 끼 나웅 무당 변하지 않는 것들이 있다.

Há muitas pessoas na rua. 아 무이따스 뻬쏘아스 나 후아 길에 많은 사람들이 있다.

2. Fica ao lado da igreja. 교회 옆에 있어요.

ficar 동사와 함께 주어의 위치를 나타낼 수 있습니다. 'ao lado de'는 '~옆에'를 뜻하며, ao는 전치사 a와 정관사 o의 결합형입니다. (단수 a+o=ao/a+a=à 복수 a+os=aos/a+as=às)
위치를 나타내는 표현을 알아볼까요?

acima de 아씨마 지 / sobre 쏘브리 ~위에   debaixo de 데바이슈 지 ~아래에

longe de 론지 지 ~에서 멀리   perto de 뻬르뚜 지 ~에서 가까이

à direita de 아 지레이따 지 ~의 오른쪽에   à esquerda de 아 이스께르다 지 ~의 왼쪽에

fora de 포라 지 ~밖에   dentro de 덴뜨루 지 ~안에

3. Como posso ir até lá? 거기까지 어떻게 가면 되나요?

posso는 poder의 1인칭 단수로 '할 수 있다'를 뜻합니다. 즉, '어떻게 갈 수 있을까요?'를 의미합니다.
교통수단을 이용하는 표현은 전치사 de와 함께 쓰면 됩니다.

de metrô 지 메뜨로 지하철로   *de* ônibus 지 오니부스 버스로

de bicicleta 지 비씨끌레따 자전거로   *de* trem 지 뜨렝 기차로

'걸어서'라는 표현은 'a pé[아 뻬]'를 씁니다.

Fui *a pé* até o parque. 푸이 아 뻬 아떼 우 빠르끼 나는 공원까지 걸어서 갔다.

'de pé[지 뻬]'는 '서 있다'를 뜻합니다.

Manuel ficou *de pé*. 마누에우 피꼬우 지 뻬 마누엘은 서 있었다.

 새로 나온 단어

com licença 꽁 리쎈싸 실례합니다	**ir** 이르 가다
há 아 ~가 있다	**até** 아떼 ~까지
padaria 빠다리아 빵집	**siga** 씨가 seguir(계속하다)의 접속법 3인칭 단수
perto de 뻬르뚜 지 ~에 가까이	**em frente** 엥 프렌치 앞으로, 쭉
avenida 아베니다 대로	**vire** 비리 virar(돌리다)의 접속법 3인칭 단수
ao lado de 아우 라두 지 ~옆에	**à direita** 아 지레이따 오른쪽으로
igreja 이그레쟈 교회	**rua** 후아 길

주요표현

Onde fica a Prefeitura de Seul?
온지 　피까 　아 쁘레페이뚜라 　지 쎄우
서울 시청은 어디에 있어요?

> **Tip**
> 이동하지 않는 물체의 위치를 나타낼 때 ficar 동사와 ser 동사를 사용할 수 있습니다.

Onde é a loja de departamentos Lotte?
온지 　에 아 로쟈 지 데빠르따멘뚜스 　　로떼
롯데백화점은 어디에 있어요?

O meu escritório fica perto daqui.
우 메우 　에스끄리또리우 피까 　빼르뚜 다끼
내 사무실은 여기서 가까워요.

> **Tip**
> daqui는 전치사 de와 '여기'를 뜻하는 aqui의 결합형입니다.

A livraria fica longe daqui.
아 리브라리아 피까 론지 　　다끼
서점은 여기서 멀어요.

Fica um pouco longe.
피까 웅 뽀우꾸 　론지
조금 멀어요.

Há uma farmácia em cada esquina.
아 우마 파르마씨아 엥 까다 에스끼나
길 모퉁이마다 약국이 있어요.

> **Tip**
> 전치사 em은 '시간, 장소'를 표현하기 위해 사용됩니다.

Tem muita gente na rua.
뗑 　무이따 젠치 나 후아
길에 사람이 많아요.

> **Tip**
> '~있다'의 의미로 쓰일 때 ter 동사를 사용하기도 합니다.

O museu fica a duas quadras da Catedral.
우 무제우 　피까 아 두아스 꽈드라스 　다 까떼드라우
박물관은 대성당에서 두 블록 정도 거리예요.

> **Tip**
> '~블록, km가 떨어져 있다'라고 할 때, 전치사 a와 함께 씁니다.

Fica a dois quilômetros daqui.
피까 아 도이스 낄로메뜨로스 　　다끼
여기서 2킬로미터 거리예요.

> **Tip**
> no는 전치사 em과 정관사 o가 만난 것입니다.
> 단수 em+o=no/em+a=na
> 복수 em+os=nos/em+as=nas

A agência dos correios fica no centro da praça.
아 아젱씨아 　두스 꼬헤이우스 피까 누 쎈뜨루 다 쁘라싸
우체국은 광장 중앙에 있어요.

Tip

à는 전치사 a와 정관사 a가 만
난 것입니다.
단수 a+o=ao/a+a=à
복수 a+os=aos/a+as=às

Tip

이동하는 물체의 위치를 나타낼
때 estar 동사를 사용합니다.

Tip

vou는 ir(가다)의 1인칭 단수형
입니다. 'vou a 장소' 또는 'vou
para 장소'는 '나는 ~에 간다'
는 표현이 됩니다.

Tip

전치사 a는 동작이 향하는 방향
이나 행선지를 나타냅니다.

Tip

전치사 para 또한 행선지, 방향
을 뜻할 수 있습니다.

O hospital fica à esquerda da escola.

우 오스삐따우 피까 아 이스께르다   다 에스꼴라

병원은 학교 왼쪽에 있어요.

A chave está sobre a mesa.

아 샤비   에스따 쏘브리   아 메자

열쇠는 책상 위에 있다.

Pegue o ônibus na estação de Seul.

삐기   우 오니부스 나 에스따싸웅 지 쎄우

서울역에서 버스를 타세요.

Vou ao mercado

보우 아우 메르까두

나는 시장에 간다.

Vou à praia

보우 아 쁘라이아

나는 바다에 간다.

Quando vocês vão para a Argentina?

꽌두   보쎄스   바웅 빠라   아 아르젠치나

너희는 언제 아르헨티나로 가니?

주요표현 단어

onde 온지 어디	**Catedral** 까떼드라우 대성당
prefeitura 쁘레페이뚜라 시청	**quilômetro** 낄로메뜨루 킬로미터
loja de departamento 로쟈 지 데빠르따멘뚜 백화점	**agência dos correios** 아젱씨아 두스 꼬헤이우스 우체국
escritório 에스끄리또리우 사무실	**centro** 쎈뜨루 중앙, 센터
perto de 뻬르뚜 지 ~와 가까운	**praça** 쁘라싸 광장
livraria 리브라리아 서점	**hospital** 오스삐따우 병원
longe de 론지 지 ~와 먼	**escola** 에스꼴라 학교
farmácia 파르마씨아 약국	**chave** 샤비 열쇠
esquina 에스끼나 모퉁이	**sobre** 쏘브리 ~위에
gente 젠치 사람들(집합명사)	**mesa** 메자 책상
rua 후아 길, 거리	**pegue** 삐기 pegar(타다)의 접속법 3인칭 단수
museu 무제우 박물관	**ônibus** 오니부스 버스
quadra 꽈드라 블록	**estação** 에스따싸웅 역

estar 동사의 용법과 의문문

estar(있다) 동사에 대해 알아볼까요? estar 동사는 다음과 같이 변합니다.

인칭대명사(단수)	estar 동사	인칭대명사(복수)	estar 동사
eu 에우 나	estou 에스또우	nós 노스 우리	estamos 에스따무스
tu 뚜 너	estás 에스따스	vos 보스 너희	estais 에스따이스
ele, ela, você 엘리 엘라 보쎄 그, 그녀, 당신	está 에스따	eles, elas, vocês 엘리스 엘라스 보쎄스 그들, 그녀들, 당신들	estão 에스따웅

그럼 이제 estar 동사의 용법에 대해 알아보겠습니다.

1. 주어의 일시적 또는 단기적 위치를 나타냅니다.

   O caderno **está** no meu quarto. 우 까데르누 에스따 누 메우 꽈르뚜 공책은 내 방에 있다.

   Ele **está** em casa. 엘리 에스따 엥 까자 그는 집에 있다.

2. 형용사 또는 과거분사와 함께 써서 주어의 '변하는' 상태를 나타냅니다. 앞에서 배운 ser는 주어의 '변하지 않는' 상태를 나타냈던 점 기억하면서 다음 예문을 봅시다.

   Estou doente. 에스또우 도엔치 나는 아프다.

   Ela **está** muito feliz. 엘라 에스따 무이뚜 펠리쓰 그녀는 매우 행복하다.

그렇다면 '당신은 어떻게 지내세요?'는 어떻게 표현할까요? 의문사 como(어떻게)는 그대로 두고 동사만 você에 해당하는 está로 바꿔주면 됩니다. 따라서 Como você está?가 되겠지요.

이제 의문문을 배워 볼까요? 의문사는 뒤에서 다루기로 하고 의문사 없는 의문문을 공부해 봅시다. 포르투갈어에서는 주어의 위치가 딱히 중요하지 않습니다. 의문문을 만들기 위해서는 주어와 동사의 위치를 바꾸기도 하고, 그냥 평서문을 의문문의 억양으로 나타내기도 합니다.

Ela é linda. 엘라 에 린다 그녀는 예쁘다. ⇨ Ela é linda?↗ 그녀는 예뻐?

Ela **está** linda. 엘라 에스따 린다 그녀는 예쁘다.

• estar 동사를 사용하면 '변하는 상태'를 나타내기 때문에 '현재 예쁘다'라는 뜻입니다.

• 회화에서는 주로 está의 es를 생략하고 발음하여 tá linda[따 린다]가 됩니다.

평서문 끝에 não é(não+ser 동사)를 붙여 상대방의 동의를 구하기도 합니다. 회화에서는 주로 não é의 줄임말인 né를 사용합니다.

Ele é muito bonito, **né**? 엘리 에 무이뚜 보니뚜 네 그는 진짜 잘생겼어, 안 그래?

Hoje vamos ao cinema, **né**? 오지 바무스 아우 씨네마 네 우리 오늘 영화관 가지, 맞지?

연습문제

1. 괄호 안에 estar와 há 중 알맞은 동사를 넣으세요.

1) (　　) muitas praias em Jeju. 제주도에는 해변이 많다.
2) Os livros (　　) sobre a mesa. 그 책들은 책상 위에 있다.
3) O professor (　　) na escola. 그 선생님은 학교에 있다.
4) (　　) pessoas boas e pessoas más.
　　좋은 사람들과 나쁜 사람들이 존재한다.
5) Nós (　　) agora em São Paulo. 우리는 지금 상파울루에 있다.

2. 괄호 안에 알맞은 전치사를 넣으세요.

1) A igreja fica (　) esquerda (　) escola.
　　교회는 학교 왼쪽에 있다.
2) Como vou (　) parque? 공원에 어떻게 갑니까?
3) Vou para Lisboa (　) trem. 나는 리스본에 기차로 간다.
4) O café fica perto (　) escola. 카페는 학교 가까이에 있다.
5) A escola fica longe (　) parque. 학교는 공원에서 멀다.

3. 다음을 포르투갈어로 작문하세요.

1) 극장이 어디에 있나요?

2) 극장은 모룸비 쇼핑몰 안에 있어요.

3) 광장에 교회가 있나요?

4) 나는 자전거를 타고 교회에 갑니다.

note

- praia 해변
- mesa 책상
- professor 선생님
- escola 학교
- bom/boa 좋은
- mau/má 나쁜

- igreja 교회
- esquerda 왼쪽
- como 어떻게
- vou ir(가다)의 1인칭 단
  수형
- trem 기차
- café 커피, 카페
- parque 공원

- onde 어디
- cinema 극장
- shopping 쇼핑몰
- dentro de ～안에
- bicicleta 자전거

정답

1. 1) Há　2) estão　3) está　4) Há　5) estamos　　2. 1) à / da　2) ao　3) de　4) da　5) do
3. 1) Onde fica o cinema?　2) O cinema fica no Shopping Morumbi.　3) Há uma igreja na praça?
4) Vou à igreja de bicicleta.

▶ 관공서 · 학교

escola 학교
에스꼴라

agência de correios
아젱씨아 지 꼬헤이우스
우체국

igreja 교회
이그레쟈

delegacia de polícia
델레가씨아 지 뽈리씨아
경찰서

hospital 병원
오스삐따우

aeroporto 공항
아에로뽀르뚜

corpo de bombeiros
꼬르뿌 지 봄베이루스
소방서

porto 항구
뽀르뚜

jardim de infância 자르징 지 인판씨아 유치원

biblioteca 비블리오떼까 도서관

banco 방꾸 은행

farmácia/drogaria 파르마씨아/드로가리아 약국

embaixada 엠바이샤다 대사관

prefeitura 쁘레페이뚜라 시청

tribunal 뜨리부나우 법원

sala de emergência 쌀라 지 에메르젠씨아 응급실

emissora 에미쏘라 방송국

estação de trem 에스따싸웅 지 뜨렝 기차역

estação de metro 에스따싸웅 지 메뜨로 지하철역

escola primária 에스꼴라 쁘리마리아 초등학교

escola secundária 에스꼴라 쎄꾼다리아 중 · 고등학교

universidade 우니베르씨다지 대학교

pós-graduação 뽀스 그라두아싸웅 대학원

브라질의 도시(Cidades Brasileiras)

세계 5위 인구를 보유한 나라답게 다양한 인종이 조화를 이루며 살아가는 브라질의 도시들은 굉장히 다채롭다고 할 수 있습니다. 풍부한 자원과 문화, 친절한 사람들이 있는 반면, 극심한 불평등과 높은 범죄율을 문제점으로 꼽을 수 있습니다.

● 브라질리아(Brasília)

브라질의 수도 브라질리아는 1960년에 세워진 계획도시로 약 3백만 명이 거주하는 브라

질의 3대 도시입니다. '파일럿 플랜(Plano Piloto)'이라는 도시계획에 따라 만들어졌으며 제트기 모양의 도시 몸체 부분에는 정부 주요 기관, 날개 부분에는 주택가와 상업 지구, 문화 시설 등이 배치되어 있습니다. 뛰어난 도시 계획과 건축단지로 세계 문화유산에 등록되었습니다.

● 상파울루(São Paulo)

상파울루는 브라질에서 가장 인구가 많은 도시로 약 1,200만 명이 거주합니다. 브라질과 남아메리카 최대의 금융, 상업 및 공업도시입니다. 경제 · 문화적으로 수도보다 중요한 역할을 하는 이 도시는 주요 건축물, 공원, 박물관 등을 보유하고 있습니다.

Que horas são?
몇 시예요?

 기본회화

Kumbi: **Que horas são?**
끼　오라스　싸웅

Lucas: **São sete e quinze.**
싸웅　쎄치　이 낑지

Kumbi: **A que horas você começa a trabalhar?**
아 끼　오라스　보쎄　꼬메싸　아 뜨라발랴르

Lucas: **Às oito da manhã.**
아쓰 오이뚜 다　마냐

Kumbi: **A que horas você costuma jantar?**
아 끼　오라스　보쎄　꼬스뚜마　쟌따르

Lucas: **Eu janto às oito.**
에우 쟌뚜　아스 오이뚜

Kumbi: **Depois de jantar, o que você faz?**
데뽀이스　지 쟌따르　우 끼　보쎄　파쓰

Lucas: **Eu assisto televisão durante uma hora.**
에우 아씨스뚜　뗄레비자웅　두란치　우마　오라

해석

금비:　몇 시야?
루까스: 7시 15분이야.
금비:　몇 시에 일을 시작하니?
루까스: 오전 8시에.
금비:　주로 몇 시에 저녁을 먹니?
루까스: 8시에 저녁 먹어.
금비:　저녁 먹고 뭐 하니?
루까스: 한 시간 동안 텔레비전을 봐.

1. Que horas são? 몇 시입니까?

'지금'이라는 뜻의 agora를 함께 사용해 다른 지역의 시간을 물어볼 수 있습니다.

Que horas são em Brasília *agora*? 끼 오라스 싸웅 엥 브라질리아 아고라 브라질리아는 지금 몇 시입니까?

2. São sete e quinze. 7시 15분입니다.

ser 동사는 시간을 나타낼 때 수에 일치시킵니다. 따라서 'uma hora 한 시', 'meio-dia 정오', 'meia-noite 자정' 등은 단수형으로, 나머지 시간은 복수형으로 사용합니다.

3. A que horas você costuma jantar? 보통 몇 시에 저녁을 먹니?

a que horas는 '몇 시에'라는 표현입니다. 따라서 '7시에'라는 표현은 às sete라고 대답하면 됩니다. às는 전치사 a와 복수형 여성 정관사 as의 결합형입니다. '1시에'라고 대답하려면 여성 정관사 단수 형태 à uma (hora)가 되겠지요.

4. Eu assisto televisão durante uma hora. 텔레비전을 한 시간 동안 본다.

'보다, 관람하다'의 의미의 assistir 동사는 문법상 전치사 a와 사용해야 하지만(assistir à TV), 브라질 회화에서는 a를 생략하고 'assistir TV'로 사용되기도 합니다. assistir는 인칭에 따라 다음과 같이 형태변화를 합니다.

인칭대명사(단수)	동사변형	인칭대명사(복수)	동사변형
eu 에우	assisto 아씨스뚜	nós 노스	assistimos 아씨스치무스
tu 뚜	assistes 아씨스치스	vos 보스	assistis 아씨스치스
ele 엘리 / ela 엘라	assiste 아씨스치	eles 엘리스 / elas 엘라스	assistem 아씨스뗑

 새로 나온 단어

hora 오라 시간
sete 쎄치 7, 일곱
quinze 낑지 15분
começa 꼬메싸 começar(시작하다)의 3인칭 단수형
trabalhar 뜨라발랴르 일하다
oito 오이뚜 8, 여덟
manhã 마냐 오전
costuma 꼬스뚜마 costumar(습관되다)의 3인칭 단수형

jantar 쟌따르 저녁 먹다
janto 쟌뚜 jantar(저녁 먹다)의 1인칭 단수형
dopois de 데뽀이스 지 ~이후에
faz 파쓰 fazer(하다)의 3인칭 단수형
assisto 아씨스뚜 assistir(시청하다)의 1인칭 단수형
televisão 뗄레비자웅 텔레비전
durante 두란치 ~동안

Tip

por favor는 영어의 please(부탁합니다)를 뜻합니다.

Pode me dizer que horas são, por favor?

뽀지 미 지제르 끼 오라스 싸웅 뽀르 파보르

몇 시인지 (저에게) 알려주실 수 있을까요?

É uma hora da tarde.

에 우마 오라 다 따르지

오후 한 시입니다.

Tip

1시는 '하나', 즉 단수이므로 'hora 시'를 단수로 써주고, 20분은 복수이므로 'minuto 분'을 복수로 써 줍니다. 초는 'segundo'입니다.

É uma hora e vinte minutos.

에 우마 오라 이 빈치 미누뚜스

1시 20분입니다.

Tip

'정오, 자정'을 뜻하는 'meio-dia, meia-noite'는 반드시 하이픈(hífen)으로 표시해야 합니다.

Já é meia-noite.

자 에 메이아 노이치

벌써 밤 12시예요.

São seis horas da manhã.

싸웅 쎄이스 오라스 다 마냐

오전 6시입니다.

Tip

em ponto는 영어의 'o'clock'에 해당합니다.

São doze em ponto.

싸웅 도지 엥 뽄뚜

12시 정각입니다.

Tip

faltar는 '모자라다'는 뜻입니다. 따라서 '10시가 되기 위해 5분이 모자라다'로 직역할 수 있습니다.

Faltam cinco para as dez.

파우땅 씽꾸 빠라 아스 데쓰

10시 5분 전입니다.

São nove da noite.

싸웅 노비 다 노이치

밤 9시입니다.

Tip

30분은 '30' 그대로 trinta를 써도 되고, '반'이라는 뜻으로 meia를 써도 됩니다.

São sete e meia.

싸웅 쎄치 이 메이아

7시 반입니다.

São quase cinco horas.

싸웅 꽈지 씬꾸 오라스

거의 5시입니다.

A que horas chega o metrô?
아 끼 오라스 셰가 우 메뜨로

전철이 몇 시에 도착하나요?

Tip

passar는 '지나가다'의 뜻으로 여기에서는 '티비에서 몇 시에 방송을 해 주나요?'로 해석됩니다.

A que horas passa o jogo na TV?
아 끼 오라스 빠싸 우 죠구 나 떼베

그 경기는 TV에서 몇 시에 하나요?

Estudo durante uma hora.
에스뚜두 두란치 우마 오라

나는 한 시간 동안 공부합니다.

Tip

assistir 동사는 '보다, 관람하다'의 의미로 쓰일 때 전치사 a와 함께 써줍니다. 전치사 a와 여성 정관사 a가 만나 'à'가 되었습니다.

Vou assistir à Copa Mundial.
보우 아씨스치르 아 꼬빠 문지아우

나는 월드컵을 시청할 거야.

Quero assistir a um filme de ação.
께루 아씨스치르 아 웅 피우미 지 아싸웅

나는 액션영화 보고 싶어.

Tip

'돌보다, 치료하다'의 의미로 쓰일 때는 전치사 a를 쓰지 않습니다.

O médico assiste o paciente.
우 메지꾸 아씨스치 우 빠씨엔치

의사가 환자를 돌본다.

주요표현 단어

pode 뽀지 poder(되다)의 3인칭 단수

dizer 지제르 말하다

hora 오라 시간

tarde 따르지 오후

minuto 미누뚜 분

segundo 쎄군두 초

meia-noite 메이아 노이치 밤 12시

manhã 마냐 오전

doze 도지 12, 열둘

em ponto 엥 뽄뚜 정각

faltam 파우땅 faltar(모자라다)의 3인칭 복수

para 빠라 ~위해

meia 메이아 반

chega 셰가 chegar(도착하다)의 3인칭 단수

metrô 메뜨로 전철, 지하철

jogo 조구 경기

Copa Mundial 꼬빠 문지아우 월드컵

filme de ação 피우미 지 아싸웅 액션영화

médico 메지꾸 의사

paciente 빠씨엔치 환자

문법이야기

소유형용사와 접속사 e, o

소유형용사는 소유대명사로도 사용되는데, 수식하는 명사와 수를 일치시켜 주어야 합니다.

단수	복수
meu/minha 메우/미냐 나의	meus/minhas 메우스/미냐스 나의
teu/tua 떼우/뚜아 너의	teus/tuas 떼우스/뚜아스 너의
seu/sua 쎄우/쑤아 당신의, 그의, 그녀의	seus/suas 쎄우스/쑤아스 당신들의, 그들의, 그녀들의
nosso/nossa 노쑤/노싸 우리의	nossos/nossas 노쑤스/노싸스 우리의
vosso/vossa 보쑤/보싸 너희의	vossos/vossas 보쑤스/보싸스 너희의
dele/dela 델리/델라 그의, 그녀의	deles/delas 델리스/델라스 그들의, 그녀들의

내 차는 meu carro, 내 차들은 meus carros가 되어 수를 일치시켜 줍니다. seu와 seus의 경우, seu carro는 문법적으로는 '당신의 차, 그의 차, 그녀의 차'의 의미를 가질 수 있으나 실제 회화에서는 você, vocês(당신의, 당신들의)에 대한 소유격의 의미로 사용되고 있습니다.

ele, ela(그의, 그녀의)에 대한 소유격으로는 전치사 de와 함께 사용하여 '그의, 그녀의'는 dele/dela, '그들의, 그녀들의'는 deles/delas로 나타냅니다.

O carro **dele**. 우 까후 델리 그의 차
O carro **dela**. 우 까후 델라 그녀의 차
Os livros **deles**. 우스 리브루스 델리스 그들의 책
Os livros **delas**. 우스 리브루스 델라스 그녀들의 책

● **접속사 e, o**

1. 접속사 e는 '~와', '그리고'의 의미입니다. 영어의 and에 해당합니다.
   pai **e** filho 빠이 이 필류 아빠와 아들
   verão **e** inverno 베라웅 이 인베르누 여름과 겨울

2. 접속사 o는 '~이 아니면', '또는'의 의미입니다. 영어의 or에 해당합니다.
   sete **ou** oito 쎄치 오우 오이뚜 칠 또는 팔
   flores **ou** folhas 플로리스 오우 폴랴스 꽃 또는 잎

note

- trinta 30
- quinze 15
- em ponto 정각
- quase 거의

- estuda 'estudar(공부 하다)'의 3인칭 단수
- leio 'ler(읽다)'의 1인칭 단수
- almoçamos 'almoçar (점심을 먹다)'의 1인칭 복수
- jantar 저녁 먹다
- depois de ～이후에
- lavo 'lavar(빨래하다)'의 1인칭 단수
- roupa 옷

- trem 기차
- chegar 도착하다
- manhã 아침
- assistir 보다
- jogo 경기
- ao vivo 생방송
- aula 수업
- começar 시작하다
- filme 영화
- acabar 끝나다

1. "지금 몇 시야?"라는 물음에 다음 시각대로 답해 보세요.

1) 8시 30분이야. 2) 9시 15분이야.

3) 12시 정각이야. 4) 거의 10시야.

5) 오후 1시야.

2. 다음을 포르투갈어로 작문하세요.

1) 그는 5시간 동안 공부를 한다.

2) 나는 3시간 반 동안 책을 읽는다.

3) 우리는 2시간 동안 점심을 먹는다.

4) 나는 저녁을 먹은 후에 빨래를 한다.

3. 다음 문장을 해석하세요.

1) O trem chega às sete horas da manhã.

2) Vou assistir ao jogo ao vivo.

3) As aulas começam às nove e meia.

4) O filme acaba às dez e cinquenta.

정답

1. 1) São as oito e trinta. 2) São as nove e quinze. 3) São as doze em ponto. 4) São quase dez horas.
5) É uma hora da tarde. 2. 1) Ele estuda durante cinco horas. 2) Eu leio livro durante três horas e meia.
3) Nós almoçamos durante duas horas. 4) Eu lavo as roupas depois de jantar. 3. 1) 기차는 오전 7시에 도착한다. 2) 나는 생방송으로 경기를 볼 것이다. 3) 수업은 9시 반에 시작한다. 4) 영화는 10시 50분에 끝난다.

▶ 숫자와 하루 중 때를 나타내는 단어

madrugada 새벽
마드루가다

manhã 아침
마냐

tarde 오후
따르지

noite 밤
노이치

meio-dia 메이우지아 정오   **meia-noite** 메이아노이치 자정

❖ 숫자

0	**zero** 제루	21	**vinte e um** 빙치 이 웅
1	**um** 웅	25	**vinte e cinco** 빙치 이 씽꾸
2	**dois** 도이스	30	**trinta** 뜨링따
3	**três** 뜨레이스	31	**trinta e um** 뜨링따 이 웅
4	**quatro** 꽈뜨루	35	**trinta e cinco** 뜨링따 이 씽꾸
5	**cinco** 씽꾸	40	**quarenta** 꽈렝따
6	**seis** 쎄이스	41	**quarenta e um** 꽈렝따 이 웅
7	**sete** 쎄치	50	**cinquenta** 씽꾸엥따
8	**oito** 오이뚜	51	**cinquenta e um** 씽꾸엥따 이 웅
9	**nove** 노비	60	**sessenta** 쎄쎙따
10	**dez** 데쓰	61	**sessenta e um** 쎄쎙따 이 웅
11	**onze** 옹지	70	**setenta** 쎄뗑따
12	**doze** 도지	71	**setenta e um** 쎄뗑따 이 웅
13	**treze** 뜨레지	80	**oitenta** 오이뗑따
14	**catorze/quatorze** 까또르지/꽈또르지	81	**oitenta e um** 오이뗑따 이 웅
15	**quinze** 낑지	90	**noventa** 노벵따
16	**dezesseis** 데제쎄이쓰	91	**noventa e um** 노벵따 이 웅
17	**dezessete** 데제쎄치	100	**cem** 쎙
18	**dezoito** 데조이뚜	1,000	**mil** 미우
19	**dezenove** 데제노비	10,000	**dez mil** 데쓰 미우
20	**vinte** 빙치	100,000	**cem mil** 쎙 미우
		1,000,000	**um milhão** 웅 밀랴웅

축구(Futebol)

남미와 유럽의 축구 사랑은 세계적으로 알려져 있습니다. 브라질에서는 길거리에서 축구를 하는 어린아이들을 쉽게 찾아볼 수 있으며 월드컵이 치러질 때면 대부분의 상점들이 문을 닫습니다. 포르투갈에서도 대부분의 바(bar)에서 축구 경기를 TV로 틀어놓곤 합니다. 그럼 브라질과 포르투갈의 유명 축구선수들에 대해 알아보겠습니다.

●크리스티아누 호날두(Cristiano Ronaldo)

잘생긴 외모와 뛰어난 실력으로 최고의 인기를 누리는 크리스티아누 호날두는 포르투갈의 국가대표 선수입니다. 9년간 스페인 레알 마드리드의 대표 공격수였던 그는 최근 이탈리아 유벤투스FC로 이적했습니다. 2018 러시아 월드컵에서 그의 활약을 눈여겨보셨나요? 2008 · 2016 · 2017년에 FIFA 올해의 선수상을 받은 그는 2018년에도 후보에 이름을 올렸습니다.

●네이마르(Neymar da Silva)

브라질의 국가대표 선수인 네이마르는 2017년부터 파리 생제르맹FC에서 공격수로 활동하고 있습니다. 호날두와 메시에 이어 '넘버3'로 꼽혀온 그지만, 부상으로 인해 2018 러시아 월드컵에서 큰 활약을 하지 못했으며, 작은 충돌에도 과하게 반응해 팬들의 조롱을 받았습니다. 결국 그는 FIFA 올해의 선수상 후보에서 제외되었지만, 최근 sns를 통해 '나는 넘어졌다. 그러나 넘어지는 자만이 다시 일어날 수 있다'라는 글을 남기며 최고의 선수를 향한 꿈을 포기하지 않았음을 시사했습니다.

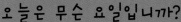
Que dia da semana é hoje?
오늘은 무슨 요일입니까?

기본회화

Minhye: **Que dia da semana é hoje?**
끼　지아 다 쎄마나　에 오지

Manuel: **Hoje é segunda-feira.**
오지　에 쎄군다　페이라

Minhye: **Qual é a data de hoje?**
꽈우　에아 다따 지 오지

Manuel: **Hoje é 19 de março.**
오지　에 데제노비 지 마르쑤

Minhye: **Quando é seu aniversário?**
꽌두　에 쎄우 아니베르싸리우

Manuel: **É primeiro de maio.**
에 쁘리메이루　지 마이우

Minhye: **Seu aniversário é na primavera.**
쎄우 아니베르싸리우　에 나 쁘리마베라

Manuel: **Sim, amo a primavera! Hoje está muito frio.**
씽　아무 아 쁘리마베라　오지　에스따 무이뚜 프리우

해석

민혜: 오늘은 무슨 요일이니?
마누에우: 오늘은 월요일이야.
민혜: 오늘은 며칠이니?
마누에우: 오늘은 3월 19일이야.
민혜: 너의 생일은 언제니?
마누에우: 5월 1일이야.
민혜: 너의 생일은 봄이구나.
마누에우: 응, 봄이 정말 좋아!
　　　　오늘은 너무 춥다.

1. Que dia da semana é hoje? 오늘은 무슨 요일이니?

semana는 주(week)를 뜻합니다. 날짜와 함께 말할 때는 먼저 요일, 그 다음에 일, 월, 연도 순으로 씁니다. 우리나라의 어순과 반대입니다.

Hoje é sexta-feira, 8 de junho de 2018. 오늘은 2018년 6월 8일 금요일입니다.
오지 에 쎄스따 페이라 오이뚜 지 주뉴 지 도이스 미우 이 데조이뚜

2. Qual é a data de hoje? 오늘은 며칠이니?

data는 '날짜'를 뜻합니다. 날짜를 먼저 말하고, 그 다음에 달을 말합니다. 만약 1월 5일이라면 cinco de janeiro가 됩니다. 여기서 de는 '~의'라는 뜻입니다. 단 1일은 기수가 아닌 서수를 사용해 primeiro라고 합니다.

Hoje é 1 de novembro. 오지 에 쁘리메이루 지 노벰브루 오늘은 11월 1일입니다.

3. Hoje está muito frio. 오늘은 너무 춥다.

일시적인 상태 또는 날씨를 표현할 때는 estar 동사에 형용사를 붙여 표현합니다. 비인칭 표현이므로 estar의 3인칭 단수인 está를 사용합니다.

Hoje *está* muito quente. 오지 에스따 무이뚜 껜치 오늘은 너무 뜨겁다(덥다).
O tempo *está* um pouco frio. 우 뗌뿌 에스따 웅 뽀우꾸 프리우 날씨가 조금 춥다.

새로 나온 단어

que 끼 무엇	**seu** 쎄우 당신의
dia 지아 날	**aniversário** 아니베르싸리우 생일
hoje 오지 오늘	**primeiro** 쁘리메이루 첫 번째, 1일
segunda-feira 쎄군다 페이라 월요일	**maio** 마이우 5월
data 다따 날짜	**primavera** 쁘리마베라 봄
março 마르쑤 3월	**quente** 껜치 뜨거운
quando 꽌두 언제	**tempo** 뗌뿌 날씨, 시간

Tip

이 문장은 '오늘은 며칠인가요?' 또는 '오늘이 무슨 날인가요?'를 의미할 수 있습니다.

Que dia é hoje?
끼 지아 에 오지
오늘은 며칠이니?

Tip

é 동사 뒤에는 dia가 생략되어 있기 때문에 ser(이다) 동사의 복수 são가 아닌 단수 é를 씁니다.

É 14 de fevereiro.
에 까또르시 지 페베레이루
2월 14일입니다.

Tip

adivinha는 'adivinhar(알아맞히다)' 동사의 직설법 3인칭 단수형입니다. 회화에서는 직설법 3인칭 현재형태가 3인칭(당신)에 대한 명령형으로 사용되기도 합니다.

Adivinha que dia é hoje.
아지빙야 끼 지아 에 오지
오늘이 무슨 날인지 알아맞춰 보세요.

Hoje é Dia dos Namorados.
오지 에 지아 두스 나모라두스
오늘은 '연인의 날'입니다.

Tip

브라질에서 발렌타인데이(Dia de São Valentim)는 2월 14일이 아닌 6월 12일에 기념합니다.

Ele nasceu em 12 de fevereiro de 1970.
엘리 나쎄우 엥 도지 지 페베레이루 지 미우 노베쎈뚜스 이 쎄뗑따
그는 1970년 2월 12일에 태어났다.

Hoje é quarta-feira.
오지 에 꽈르따 페이라
오늘은 수요일입니다.

Ele chega hoje a Singapura.
엘리 셰가 오지 아 씽가뿌라
그는 오늘 싱가포르에 도착한다.

Ele chega a Singapura em 10 de junho.
엘리 셰가 아 씽가뿌라 엥 데쓰 지 주뉴
그는 6월 10일에 싱가포르에 도착한다.

Tip

전치사 em과 지시대명사 esta가 더해져 '이번'을 뜻하는 nesta가 되었습니다.
em+este=neste
em+esta=nesta
em+estes=nestes
em+estas=nestas

Ele chega a Seul nesta quinta-feira.
엘리 셰가 아 쎄우 네스따 낀따 페이라
그는 이번주 목요일에 서울에 도착한다.

Tip

amanhã는 '내일', manhã는 '오전'을 뜻합니다.

Eu vou para Busan no sábado de manhã.
에우 보우 빠라 부싼 누 싸바두 지 마냐
나는 토요일 오전에 부산에 간다.

O tempo está bom hoje.
우 뗌뿌　　에스따 봉　　오지

오늘 날씨가 좋다.

Como está o tempo em Seul?
꼬무　　에스따 우 뗌뿌　　엥 쎄우

서울은 날씨가 어떤가요?

Está nublado.
에스따 누블라두

(날씨가) 흐립니다.

Tip

fazer(하다)를 사용하여 날씨를
표현할 수 있습니다.

Faz muito calor no Japão.
파쓰 무이뚜　　깔로르 누　　자빠웅

일본은 매우 덥다.

Tip

ter(있다) 동사를 사용하여 표현
할 수 있습니다.

Tem previsão de chuva.
뗑　　쁘레비자웅　　지 슈바

비 예보가 있다.

Tip

vai는 ir(가다)의 3인칭 단수형입
니다. 'ir+동사원형'은 '~할 것이
다'라는 단순미래를 나타냅니다.

Vai chover.
바이 쇼베르

비가 올 것이다.

주요표현 단어

dia 지아 날, 일	**Seul** 쎄우 서울
hoje 오지 오늘	**quinta-feira** 낀따 페이라 목요일
catorze 까또르지 14	**sábado** 싸바두 토요일
fevereiro 페베레이루 2월	**de manhã** 지 마냐 아침에
adivinhar 아지빙야르 알아맞히다	**tempo** 뗌뿌 날씨, 시간
nascer 나쎄르 태어나다	**nublado** 누블라두 구름 낀, 흐린
quarta-feira 꽈르따 페이라 수요일	**calor** 깔로르 더움, 뜨거움
chega 셰가 chegar(도착하다)의 3인칭 단수형	**chuva** 슈바 비
Singapura 씽가뿌라 싱가포르	**chover** 쇼베르 비가 오다

문법이야기

기수와 서수 표현

기수는 '1, 2, 3, 4…' 등을 말하고, 서수는 '순서'를 나타내는 '첫 번째, 두 번째, 세 번째…' 등을 가리킵니다.

●기수

1	um 웅	2	dois 도이스
3	três 뜨레이스	4	quatro 꽈뜨루
5	cinco 씽꾸	6	seis 쎄이스
7	sete 쎄치	8	oito 오이뚜
9	nove 노비	10	dez 데쓰

●서수

첫 번째	primeiro 쁘리메이루	두 번째	segundo 쎄궁두
세 번째	terceiro 떼르쎄이루	네 번째	quarto 꽈르뚜
다섯 번째	quinto 낀뚜	여섯 번째	sexto 쎄스뚜
일곱 번째	sétimo 쎄치무	여덟 번째	oitavo 오이따부
아홉 번째	nono 노누	열 번째	décimo 데씨무

그렇다면 '빨간 사과 10개'는 뭐라고 말할까요? '숫자+명사+형용사'의 순으로 dez maçãs vermelhas라고 하면 됩니다. vermelho를 maçãs(여성명사, 복수)에 맞추어 vermelhas로 성, 수 변화를 해 주는 것 잊지 마세요.

서수 역시 명사 앞에 나옵니다. 그렇다면 '열 번째 날'은 뭐라고 말할까요? o(정관사) décimo(열 번째) dia(날)라고 하면 됩니다.

●요일 표현

일요일	domingo 도밍구	월요일	segunda-feira 쎄군다 페이라
화요일	terça-feira 떼르싸 페이라	수요일	quarta-feira 꽈르따 페이라
목요일	quinta-feira 낑따 페이라	금요일	sexta-feira 쎄스따 페이라
토요일	sábado 싸바두		

매주 토요일은 뭐라고 할까요? 전지차 a를 붙여 aos sábados라고 하거나 todos os sábados라고 하면 됩니다. todo는 '모든'이라는 뜻입니다.

note

1. 다음 괄호 안에 알맞은 단어를 넣으세요.

1) Que dia da (　　　) é hoje? 오늘은 무슨 요일입니까?

2) Meu aniversário é 22 (　　　) março.
   내 생일은 3월 22일입니다.

3) Você nasceu no (　　　) Mundial da Água.
   당신은 세계 물의 날에 태어났다.

4) Hoje é (　　　). 오늘은 화요일입니다.

- aniversário 생일
- março 3월
- terça-feira 화요일

2. 다음을 포르투갈어로 작문하세요.

1) 내 생일은 5월 1일입니다.

2) 나는 매주 일요일에 영화관에 간다.

3) 오늘은 9월 13일 목요일입니다.

4) 오늘은 날씨가 좋다.

- primeiro 첫 번째의, 1
  일
- maio 5월
- domingo 일요일
- quinta-feira 목요일
- setembro 9월
- lindo 아름다운, 멋진

3. 다음을 해석하세요.

1) Hoje é sexta-feira. É meu aniversário.

2) Em julho faz muito calor.

3) A sala está quente.

4) Como está o tempo hoje?

- sexta-feira 금요일
- calor 더움, 더위
- sala 방, ~실
- quente 더운, 뜨거운
- tempo 날씨, 시간

정답

1. 1) semana   2) de   3) Dia   4) terça-feira   2. 1) Meu aniversário é primeiro de maio.   2) Eu vou ao cinema aos domingos(todos os domingos).   3) Hoje é quinta-feira, 13(treze) de setembro.   4) Hoje o dia está lindo.   3. 1) 오늘은 금요일이고 내 생일입니다.   2) 7월에는 매우 덥다.   3) 방이 덥다. / 방안이 덥다.   4) 오늘 날씨는 어떻습니까?

▶ 날짜

1월	**janeiro**	쟈네이루
2월	**fevereiro**	페베레이루
3월	**março**	마르쑤
4월	**abril**	아브리우
5월	**maio**	마이우
6월	**junho**	주뉴
7월	**julho**	줄류
8월	**agosto**	아고스뚜
9월	**setembro**	세뗌브루
10월	**outubro**	오우뚜브루
11월	**novembro**	노벰브루
12월	**dezembro**	데젬브루

dia 지아 일

semana 쎄마나 주

mês 메스 달, 월

ano 아누 년, 해

década 데까다 10년

século 쎄꿀루 100년, 세기

anteontem 안치 온뗑 그제

ontem 온뗑 어제

hoje 오지 오늘

amanhã 아마냐 내일

depois de amanhã 데뽀이쓰 지 아마냐 모레

semana passada 쎄마나 빠싸다 지난주

esta semana 에스따 쎄마나 이번 주

próxima semana/semana que vem 다음 주

쁘로씨마 쎄마나/쎄마나 끼 벵

mês passado 메스 빠싸두 지난달

este mês 에스치 메스 이번 달

próximo mês/mês que vem 다음 달

쁘로씨무 메스/메스 끼 벵

ano passado 아누 빠싸두 작년

este ano 에스치 아누 올해

próximo ano/ano que vem 내년

쁘로씨무 아누/아누 끼 벵

포르투갈 음식(Comida Portuguesa)

바다로 둘러싸여 있는 포르투갈은 해산물 요리가 발달된 나라이며 그 중에서도 문어나 오징어, 생선을 자주 먹습니다. 해물밥(Arroz de marisco)이나 문어밥(Arroz de polvo), 대구요리(Bacalhau)는 관광객에게도 인기가 많습니다. 포르투갈은 디저트 종류도 굉장히 다양한데, 사람들에게 가장 많이 알려진 것은 에그타르트입니다.

● 바깔라우(Bacalhau)

포르투갈의 대표 음식인 바깔랴우는 '대구'라는 뜻입니다. 볶은 대구와 양파에 얇은 감자

튀김을 곁들인 대구요리(Bacalhau à Brás), 석쇠에 구운 대구요리(Bacalhau grelhado), 오븐에 구운 대구요리(Bacalhau assado no forno), 크림이 들어간 대구요리(Bacalhau com natas) 등이 대표적이며 조리법이 천 가지가 넘습니다.

● 포르투갈 에그타르트(Pastel de nata)

빠스뗄 드 나따는 포르투갈의 대표적인 계란으로 만든 빵으로 에그타르트의 원조라고 할 수 있습니다. 세상에서 가장 맛있는 에그타르트는 리스본 벨렝 지구에 위치한 빠스테이스 드 벨렝(Pastéis de Belém) 빵집에서 만나볼 수 있습니다.

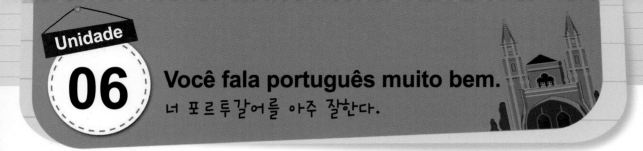

Unidade 06

Você fala português muito bem.

너 포르투갈어를 아주 잘한다.

기본회화

Siwoo: **Você fala português muito bem.**
보쎄 · 팔라 · 뽀르뚜게스 · 무이뚜 · 벵

Camila: **Obrigada. Eu gosto muito da língua portuguesa.**
오브리가다 · 에우 · 고스뚜 · 무이뚜 · 다 · 링구아 · 뽀르뚜게자

Siwoo: **Como você estuda?**
꼬무 · 보쎄 · 에스뚜다

Camila: **Eu pratico a conversação com meus amigos brasileiros.**
에우 · 쁘라치구 · 아 · 꼰베르싸싸웅 · 꽁 · 메우스 · 아미구스 · 브라질레이루스

Também leio livros em português.
땅벵 · 레이우 · 리브루스 · 엥 · 뽀르뚜게스

Siwoo: **Ótimo!**
오치무

> Eu pratico a conversação com meus amigos brasileiros.
> Também leio livros em português.

> Ótimo!

해석

시우: 너 포르투갈어를 아주 잘한다.
까밀라: 고마워. 난 포르투갈어를 아주 좋아해.
시우: 어떻게 공부하니?
까밀라: 브라질 친구들과 회화 연습을 해.
　　　 포르투갈어로 된 책도 읽어.
시우: 대단해!

1. Você fala português muito bem. 너 포르투갈어를 아주 잘한다.

'falar(말하다)'라는 동사는 인칭과 수에 따라 다음과 같이 변합니다. 복잡해 보이지만 규칙이 있기 때문에 조금만 연습하면 금방 익힐 수 있습니다.

인칭(단수)	동사변형	인칭(복수)	동사변형
eu	falo 팔루	nós	falamos 팔라무스
tu	falas 팔라스	vós	falais 팔라이스
ele, ela, você	fala 팔라	eles, elas, vocês	falam 팔랑

2. Como você estuda? 너는 어떻게 공부하니?

'estudar(공부하다)'라는 동사는 인칭과 수에 따라 다음과 같이 변합니다.

인칭(단수)	동사변형	인칭(복수)	동사변형
eu	estudo 에스뚜두	nós	estudamos 에스뚜다무스
tu	estudas 에스뚜다스	vós	estudais 에스뚜다이스
ele, ela, você	estuda 에스뚜다	eles, elas, vocês	estudam 에스뚜당

3. Eu pratico a conversação com meus amigos brasileiros.

브라질 친구들과 회화를 연습한다.

praticar(연습하다)는 인칭과 수에 따라 다음과 같이 변합니다.

인칭(단수)	동사변형	인칭(복수)	동사변형
eu	pratico 쁘라치구	nós	praticamos 쁘라치까무스
tu	praticas 쁘라치까스	vós	praticais 쁘라치까이스
ele, ela, você	pratica 쁘라치까	eles, elas, vocês	praticam 쁘라치깡

 새로 나온 단어

muito 무이뚜 매우
gosto 고스뚜 gostar(좋아하다)의 1인칭 단수
língua 링구아 언어
portuguesa 쁘로뚜게자 português(포르투갈의)의 여성형
conversação 꼰베르싸싸웅 회화, 대화

com 꽁 ~과(함께)
amigo 아미구 친구
brasileiro 브라질레이루 브라질의, 브라질 사람
leio 레이우 ler(읽다)의 1인칭 단수
em português 엥 쁘로뚜게스 포르투갈어로

Ele toca guitarra muito bem.

엘리 또까 기따하 무이뚜 벵

그는 기타를 아주 잘 칩니다.

Tip

'moça[모싸]' 또는 'rapariga[하
빠리가]'는 '젊은 여성. 아가
씨'를 뜻합니다. 젊은 남성은
'moço[모쑤]' 또는 'rapaz[하빠
스]'라고 합니다.

As moças dançam samba muito bem.

아스 모싸스 단쌍 쌈바 무이뚜 벵

아가씨들은 쌈바를 아주 잘 춥니다.

Eles compram livros.

엘리스 꼼쁘랑 리브루스

그들은 책을 삽니다.

Tip

escrever(쓰다) 동사는 er로 끝
나는 규칙형 동사로, 3인칭 단수
형은 escreve입니다.

Paulo escreve muitas novelas.

빠울루 에스끄레비 무이따스 노벨라스

빠울루는 소설을 많이 쓴다.

Você fala inglês?

보쎄 팔라 잉글레스

영어 할 줄 알아요?

Falo português e espanhol.

팔루 뽀르뚜게스 이 에스빠뇨우

저는 포르투갈어와 스페인어를 할 줄 압니다.

Cantamos juntos.

깐따무스 쥰뚜스

우리는 함께 노래합니다.

O que você come?

우 끼 보쎄 꼬미

너 뭐 먹니?

Tip

포르투갈어에서는 acento(강세)
가 매우 중요합니다. 강세가 있
는 bebê는 '아기'를 뜻하고, 강
세가 없는 bebe는 beber(마시
다)의 3인칭 단수형입니다.
아기를 가리키는 단어는 'bebê
[베베]' 외에도 'nenê[네네]',
'neném[네넹]' 등이 있습니다.

Eles vendem maçã.

엘리스 벤뎅 마쌍

그들은 사과를 팝니다.

O bebê bebe leite.

우 베베 베비 레이치

아기가 우유를 마신다.

Os cachorros correm.

우쓰 까쇼후쓰　　　꼬헹

개들이 달립니다.

Aprendemos história e geografia.

아쁘렌데무스　　　이쓰또리아 이 제오그라피아

우리는 역사와 지리를 배웁니다.

Onde você mora?

온지　　보쎄　모라

너 어디 사니?

Eu moro em Seul.

에우 모루　　엥　쎄우

나는 서울에 살아.

Tip

남성은 sozinho, 여성은 sozinha 라고 하면 되겠죠?

Eu moro sozinho.

에우 모루　　쏘징유

나는 혼자 산다.

Tip

강세가 없는 pais는 '부모'를 뜻하고, 강세가 있는 país는 '국가, 나라'를 뜻합니다.

Eu moro com meus pais.

에우 모루　꽁　메우스　빠이스

나는 부모님과 함께 산다.

word power 주요표현 단어

toca 또까 tocar(치다, 만지다)의 3인칭 단수형
guitarra 기따하 기타
dançam 단쌍 dançar(춤추다)의 3인칭 복수형
samba 쌈바 쌈바(춤)
compram 꼼쁘랑 comprar(사다)의 3인칭 복수형
cantamos 깐따무스 cantar(노래하다)의 1인칭 복수형
juntos 쥰뚜스 함께
come 꼬미 comer(먹다)의 3인칭 단수형
vendem 벤뎅 vender(팔다)의 3인칭 복수형
maçã 마쌍 사과

bebê 베베 아기
bebe 베비 beber(마시다)의 3인칭 단수형
cachorro 까쇼후 개
correm 꼬헹 correr(달리다)의 3인칭 복수형
história 이쓰또리아 역사
geografia 제오그라피아 지리
onde 온지 어디(의문사)
moro 모루 morar(거주하다)의 1인칭 단수형
sozinho 소징유 혼자
pais 빠이스 부모

문법이야기

포르투갈어의 규칙변화 동사

포르투갈어의 동사는 인칭과 수에 따라 변화합니다. 따라서 동사만 봐도 주어가 뭔지 파악이 가능합니다. 3인칭인 경우 주어가 ele(그)인지 ela(그녀)인지 헷갈릴 수 있으므로 주어를 써주는 편이지만, 문맥에서 주어를 파악할 수 있다면 생략해도 괜찮습니다. 주어는 생략이 가능할 뿐 아니라 동사의 앞뒤 어디에나 쓸 수 있는데, 생략하는 경우가 아니라면 보통 동사의 앞에 써줍니다.

1. 어미가 -ar로 끝나는 규칙변화 동사: 어미 -ar를 인칭과 수에 맞게 변화시켜 주면 됩니다. 다음은 falar(말하다)의 직설법 현재형입니다.

인칭	단수	복수
1인칭	fal**o** 팔루	fal**amos** 팔라무스
2인칭	fal**as** 팔라스	fal**ais** 팔라이스
3인칭	fal**a** 팔라	fal**am** 팔랑

다음 동사들은 falar 동사와 같은 변화를 하는 '제1변화' 규칙동사들입니다.
• cantar 노래하다 / dançar 춤추다 / comprar 사다 / estudar 공부하다 / visitar 방문하다

2. 어미가 -er로 끝나는 규칙변화 동사: comer(먹다)의 직설법 현재형입니다.

인칭	단수	복수
1인칭	com**o** 꼬무	com**emos** 꼬메무스
2인칭	com**es** 꼬미스	com**eis** 꼬메이스
3인칭	com**e** 꼬미	com**em** 꼬멩

다음 동사들은 comer 동사와 같은 '제2변화' 규칙동사들입니다.
• escrever 쓰다 / beber 마시다 / aprender 배우다 / entender 이해하다

3. 어미가 -ir로 끝나는 규칙변화 동사: abrir(열다)의 직설법 현재형입니다.

인칭	단수	복수
1인칭	abr**o** 아브루	abr**imos** 아브리무스
2인칭	abr**es** 아브리스	abr**is** 아브리스
3인칭	abr**e** 아브리	abr**em** 아브렝

다음 동사들은 abrir 동사와 같은 '제3변화' 규칙동사들입니다.
• subir 오르다 / dividir 나누다 / garantir 보장하다 / partir 출발하다

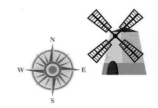

1. 규칙동사의 직설법 현재형 변화에 맞게 표를 채우세요.

1) comprar

인칭	단수	복수
1인칭	compro	
2인칭		comprais
3인칭	compra	

2) escrever

인칭	단수	복수
1인칭		
2인칭	escreves	escreveis
3인칭		escrevem

3) partir

인칭	단수	복수
1인칭	parto	partimos
2인칭		partis
3인칭		

note

• comprar 사다
• escrever 쓰다
• partir 출발하다

2. 괄호 안에 알맞은 동사 형태를 쓰세요.

1) Eles (   ) frango. [comer: 먹다]
   → 그들은 닭고기를 먹는다.
2) Nós (   ) frutas no mercado. [comprar: 사다]
   → 우리는 시장에서 과일을 산다.
3) Ele (   ) na universidade. [estudar: 공부하다]
   → 그는 대학교에서 공부한다.
4) Ela (   ) em Seul. [morar: 살다]
   → 너희는 서울에 산다.

• frango 닭고기
• fruta 과일
• mercado 시장
• universidade 대학

3. 다음을 포르투갈어로 작문하세요.

1) 그녀는 편지를 쓴다.   → (   ) escreve uma carta.
2) 우리는 노래를 부른다.   → (   ) cantamos.
3) 그들은 탱고를 춘다.   → (   ) dançam tango.

• escrever 쓰다
• carta 편지
• cantar 노래하다
• dançar 춤추다
• tango 탱고

정답

1. 1) compras / compramos / compram   2) escrevo / escreve / escrevemos   3) partes / parte / partem
2. 1) comem   2) compramos   3) estuda   4) mora   3. 1) Ela   2) Nós   3) Eles

▶ 날씨 · 계절

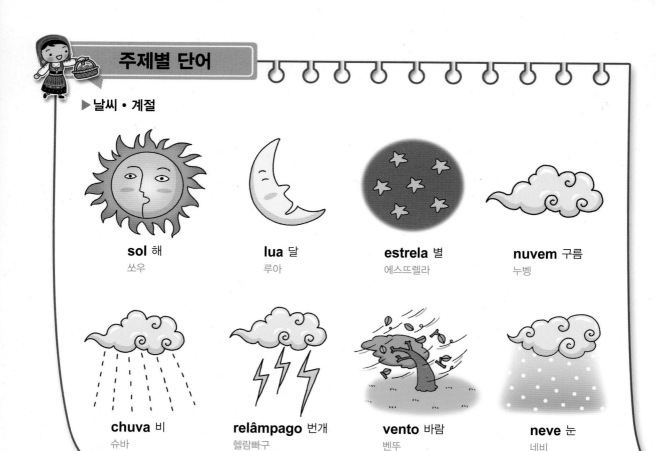

sol 해
쏘우

lua 달
루아

estrela 별
에스뜨렐라

nuvem 구름
누벵

chuva 비
슈바

relâmpago 번개
헬람빠구

vento 바람
벤뚜

neve 눈
네비

previsão do tempo 쁘레비자웅 두 뗑뿌 일기예보

tempo 뗑뿌 날씨

temperatura 뗌뻬라뚜라 기온, 온도

orvalho 오르발류 이슬

aguaceiro 아과쎄이루 소나기, 폭우

inundação 이눈다싸웅 홍수

tufão 뚜파웅 태풍

granizo 그라니주 우박

claro 끌라루 맑은

obscuro 옵스꾸루 흐린

fresco 프레스꾸 시원한

quente 껜치 뜨거운

frio 프리우 추위, 추운

calor 깔로르 더위

primavera 쁘리마베라 봄

verão 베라웅 여름

outono 오우또누 가을

inverno 인베르누 겨울

estação das chuvas 에스따싸웅 다스 슈바스 우기

estação seca 에스따싸웅 쎄까 건기

neblina 네블리나 안개

chuvisco 슈비스꾸 이슬비

trovão 뜨로바웅 천둥

gelo 젤루 얼음

umidade 우미다지 습기

terremoto 떼헤모뚜 지진

furacão 푸라까웅 허리케인

tsunami 쑤나미 쓰나미

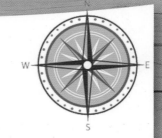

브라질 음식(Comida Brasileira)

브라질은 다양한 문화가 공존하는 나라이기 때문에 음식 또한 지역별로 특색이 있고 종류도 다양합니다. 가장 대표적인 음식은 우리나라에서도 잘 알려진 브라질 바비큐 슈하스코(Churrasco)로, 다양한 부위의 고기를 꼬챙이에 끼워 먹는 것이 특징입니다.

● 페이조아다, 페이종(Feijoada, Feijão)

페이조아다(Feijoada)는 검은콩과 돼지고기, 소시지, 베이컨 등을 솥에 넣고 푹 고아 만든 스튜입니다. 아프리카에서 끌려온 노예들이 북동부의 사탕수수밭에서 주인이 버린 가축의 잡다한 부위를 넣어 끓여 먹은 데서 유래했습니다. 원래 조리법은 포르투갈식 콩요리에서 비롯했기 때문에 유럽과 아프리카 문화의 혼합인 셈입니다. 페이종(Feijão)은 검은콩만 넣고 만든 스튜이며 주로 밥에 비벼 먹습니다.

● 아싸이 보울(Açaí na tigela)

아싸이 보울은 냉동 아싸이를 갈아서 만든 브라질식 빙수입니다. 색다른 색(짙은 자주색)과 맛에 처음에는 조금 이상하게 느껴질 수도 있으나 중독성이 아주 강합니다. 아싸이(Açaí)는 아마존 지역 아싸이 야자나무의 열매인데 '신이 주신 열매'로 불릴 만큼 비타민과 영양이 풍부하며 항산화 효능이 뛰어나 슈퍼푸드로 꼽힙니다. 주로 그래놀라와 바나나 등 과일과 함께 먹습니다.

Unidade 07

Tem ovos?
달걀 있니?

기본회화

Jiyun: **Vai cozinhar?**
바이 꼬지냐르

Luís: **Sim. Tem ovos?**
씽　떼　오부스

Jiyun: **Sim. Tenho três ovos. Quer?**
씽　떼뉴　뜨레이스 오부스　께르

Luís: **Sim. Quero fazer um omelete.**
씽　께루　파제르　웅　오멜레치

　　　Tem leite também?
떼　레이치　땀벵

Jiyun: **Não. Mas acho que Jisu tem.**
나웅　마쓰　아슈　끼　지수　떼

Luís: **Ok, então vou pedir para ela.**
오께이 인따웅　보우　뻬지르　빠라　엘라

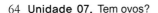

해석

지윤:　요리할 거니?
루이스: 응. 달걀 있니?
지윤:　응. 달걀 세 개 있어. 원하니?
루이스: 응. 오믈렛 만들고 싶어.
　　　너 우유도 있니?
지윤:　아니. 하지만 (내 생각에) 지수는 있는 거 같아.
루이스: 응, 그럼 내가 그녀에게 부탁할게.

기본회화 해설

1. Tem ovos? 달걀 있니?

ter는 불규칙동사로 '가지다'라는 뜻입니다. 변화형을 볼까요?

1인칭	tenho 떼뉴	temos 떼무스
2인칭	tens 뗑스	tendes 뗀데스
3인칭	tem 뗑	têm 뗑

Quantos livros você *tem*? 꽌뚜스 리브루스 보쎄 뗑? 너는 몇 권의 책을 가지고 있니?

Tenho dois livros. 떼뉴 도이스 리브루스 나는 책 두 권이 있어.

Não *temos* nada. 나웅 떼무스 나다 우리는 아무것도 가지고 있지 않다.

ter+que+동사원형: ~를 해야만 한다

Tenho que estudar muito. 떼뉴 끼 에스뚜다르 무이뚜 나는 공부를 열심히 해야 한다.

Ele *tem que* ir embora. 엘리 뗑 끼 이르 임보라 그는 가야만 한다.

Temos que preparar uma apresentação. 우리는 발표 준비를 해야 한다.
떼무스 끼 쁘레빠라르 우마 아쁘레젠따싸웅

2. Quero fazer um omelete. 오믈렛 만들고 싶어.

querer 역시 불규칙동사로 '~하고 싶다'라는 뜻입니다.

1인칭	quero 께루	queremos 께레무스
2인칭	queres 께리스	quereis 께레이스
3인칭	quer 께르	querem 께렝

querer 동사 변형 뒤에 바로 동사원형을 붙여주면 됩니다.

Quero comer chocolate. 께루 꼬메르 쇼꼴라치 나는 초콜릿을 먹고 싶다.

Queremos ir à praia. 께레무스 이르 아 쁘라이아 우리는 바다에 가고 싶다.

Quer ir ao festival? 께르 이르 아우 페스치바우 너 축제에 갈래?

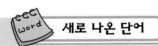 **새로 나온 단어**

vai 바이 ir(가다) 동사의 3인칭 단수형
cozinhar 꼬지냐르 요리하다
ovo 오부 달걀
três 뜨레스 3, 셋
fazer 파제르 만들다, 하다

omelete 오멜레치 오믈렛
leite 레이치 우유
então 인따웅 그러면
vou 보우 ir(가다) 동사의 1인칭 단수형
pedir 뻬지르 부탁하다

주요표현

Quantos anos você tem?

꽌뚜스 　 아누스 보쎄 　 떽

너는 몇 살이니?

Tenho vinte anos.

떼뉴 　 빈치 　 아누스

나는 스무 살이야.

Meu pai tem 65 anos.

메우 　 빠이 떽 　 쎄쎙따 이 씽꾸 아누스

저의 아버지 나이는 65세입니다.

Tem dicionário?

떽 　 지씨오나리우

사전 있니?

Tip

nada는 부정문에서도 '아무것
도'라는 뜻을 나타냅니다.

Não tenho nada.

나웅 떼뉴 　 나다

난 아무것도 없어.

O que vocês querem fazer?

우 끼 　 보쎄스 　 께렝 　 파제르

너희는 뭐 하고 싶니?

Queremos ir ao museu.

께레무스 　 이르 아오 무제우

우리는 박물관에 가고 싶어.

Quero ir à praia.

께루 　 이르 아 쁘라이아

나는 바다에 가고 싶어.

Não quero estudar agora.

나웅 께루 　 에스뚜다르 아고라

나는 지금 공부하고 싶지 않아.

Tip

sair는 '나가다'라는 뜻의 동사
이며 comigo는 '나와 함께'를
뜻합니다.

Quer sair comigo?

께르 　 싸이르 꼬미구

나랑 데이트할래?

Vou comprar melancia no mercado.

보우 꼼쁘라르 멜란씨아   누 메르까두

나는 시장에서 수박을 살 거야.

Qual é o seu sonho?

꽈우 에 우 쎄우 쏘뉴

너는 꿈이 뭐니?

Vou ser advogado.

보우 쎄르 아지보가두

나는 변호사가 될 거야.

Quero ser advogado.

께루   쎄르 아지보가두

나는 변호사가 되고 싶어.

Vou para casa.

보우 빠라   까자

나는 집에 간다.

Vamos embora.

바무스   임보라

갑시다.

> **Tip**
>
> 여기서 부사로 쓰인 embora는 '가다, 떠나다'라는 뜻을 가지고 있습니다.

주요표현 단어

quanto 꽌뚜 얼마, 몇	**estudar** 에스뚜다르 공부하다
ano 아누 년, 해	**agora** 아고라 지금
vinte 빙치 20, 스물	**comprar** 꼼쁘라르 사다
pai 빠이 아버지	**melancia** 멜란씨아 수박
dicionário 지시오나리우 사전	**sonho** 쏘뉴 꿈
nada 나다 아무것도	**advogado** 아지보가두 변호사
fazer 파제르 하다	**casa** 까자 집
museu 무제우 박물관	**vamos** 바무스 ir(가다)의 1인칭 복수형
praia 쁘라이아 해변	

문법이야기

불규칙동사 ir와 감탄문

불규칙동사 ir(가다)에 대해 알아볼까요? ir의 직설법 현재형은 다음과 같이 변합니다.

인칭	단수	복수
1인칭	vou 보우	vamos 바무스
2인칭	vais 바이스	ides 이데스
3인칭	vai 바이	vão 바웅

1. ir 동사 다음에 '장소'를 나타내는 명사가 오면 전치사 a와 함께 써야 합니다. 전치사 a와 정관사 o가 만나면 ao가 되고, 전치사 a와 정관사 a가 만나면 à가 됩니다.

   Vai à igreja amanhã? 바이 아 이그레쟈 아마냐 내일 교회에 가니?

   Vou ao supermercado hoje. 보우 아우 쑤뻬르메르까두 오지 나는 오늘 슈퍼마켓에 간다.

2. 'ir+동사원형'은 '~을 하려고 한다'라는 단순미래를 나타냅니다.

   O que **vai** fazer amanhã? 우 끼 바이 파제르 아마냐 너는 내일 뭐 할 거니?

   Vou dormir cedo. 보우 두르미르 쎄두 나는 일찍 잘 것이다.

3. 'vamos+동사원형'은 '~를 하자'라는 제안의 뜻이 있습니다.

   Vamos comer pizza? 바무스 꼬메르 삣싸 우리 피자 먹을까?

   Vamos aprender português juntos? 우리 같이 포르투갈어를 배워 볼까?
   바무스 아쁘렌데르 뽀르뚜게스 쥰뚜스

● **감탄문**

이번에는 간단한 감탄문을 만들어 볼까요? 가장 기본적인 감탄문의 구성은 'Que+명사/형용사!'입니다.

Que difícil! 끼 지피씨우 정말 어렵다!

Que gostoso! 끼 고스또주 정말 맛있다!

Que calor! 끼 깔로르 정말 덥다!

Que frio! 끼 프리우 정말 춥다!

Que legal! 끼 레가우 좋다! / 멋지다! (cool)

Que maravilha! 끼 마라빌랴 멋지다! (wonderful)

Que chato! 끼 샤뚜 짜증 나!

Que interessante! 끼 인떼레싼치 흥미롭다!

Que saudades! 끼 싸우다지스 보고 싶다! / 그립다!

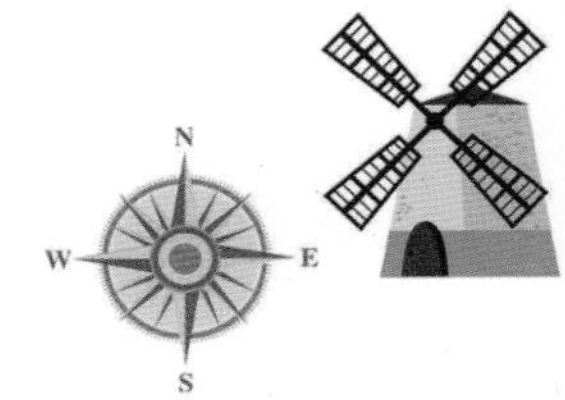

연습문제

1. 감탄문을 만들어 보세요.

1) 정말 좋은 날씨야!

2) 정말 이상하다!

3) 맛있어!

2. 다음을 해석해 보세요.

1) Quero ir à praia.
2) Ele não vai à escola.
3) Não vou comer.
4) Temos que trabalhar muito.

3. 다음을 포르투갈어로 작문하세요.

1) 너 나와 함께 춤추고 싶니?

2) 나는 여행가방 두 개가 있다.

3) 그는 일찍 자야 한다.

4) 나는 지금 리포트를 써야 한다.

note

- dia 날
- estranho 이상한
- gostoso 맛있는

- dançar 춤추다
- comigo 나와 함께
- mala 여행가방, 트렁크
- cedo 일찍
- agora 지금
- ensaio 리포트, 에세이

정답

1. 1) Que dia lindo!   2) Que estranho!   3) Que gostoso!   2. 1) 나는 바다에 가고 싶다.   2) 그는 학교에 가지 않는다.   3) 나는 먹지 않을 것이다.   4) 우리는 일을 많이 해야 한다.   3. 1) Você quer dançar comigo? 2) Tenho duas malas.   3) Ele tem que dormir cedo.   4) Eu tenho que escrever um ensaio agora.

▶ 취미

assistir ao filme
아씨스치르 아우 피우미
영화 감상하다

ouvir música
오우비르 무지까
음악 감상하다

ler livro 독서하다
레르 리브루

nadar 수영하다
나다르

esquiar 스키 타다
에스끼아르

pescar 낚시하다
삐스까르

subir a montanha
쑤비르 아 몬따냐
등산하다

desenhar
데제냐르
그림 그리다

cozinhar 꼬지냐르 요리하다

cantar 깐따르 노래하다

jogar 죠가르 운동하다, 게임하다

assistir à novela 아씨스치르 아 노벨라 드라마 보다

recoletar 헤꼴렉따르 수집하다

pesquisar na internet
삐스끼자르 나 인떼르네치 인터넷 서핑하다

fazer compras 파제르 꼼쁘라스 쇼핑하다

tirar fotos 치라르 포뚜스 사진 찍다

dirigir 지리지르 운전하다

dançar 단싸르 춤추다

viajar 비아자르 여행하다

esporte 에스뽀르치 스포츠

futebol 푸치볼 축구

tênis 떼니스 테니스

beisebol 베이스볼 야구

vóleibol 볼레이볼 배구

basquete 바스께치 농구

pingue-pongue 삥기 뽕기 탁구

badminton 베드민똔 베드민턴

sinuca 씨누까 당구

golf 골피 골프

luta 루따 레슬링

judô 쥬도 유도

boxe 복시 복싱

taekwondo 따에꿘도 태권도

ciclismo 씨끌리스무 사이클

esgrima 에스그리마 펜싱

handebol 헨지볼 핸드볼

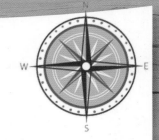

카니발(Carnaval)

원래 카니발은 금욕기간인 사순절을 앞두고 즐기는 그리스도교 전통 축제입니다. 그 가운데 브라질의 리우데자네이루(Rio de Janeiro)에서 열리는 리우 카니발(Carnaval do Rio)은 전 세계인이 즐기는 축제로 발전했습니다. 브라질 전역에서 카니발이 열리며 개최 시기는 보통 2월에서 3월 사이 금요일에 시작해 사순절 전날까지 5일 동안 열립니다.

리오 카니발에서 볼 수 있는 유명한 삼바(samba) 춤 퍼레이드는 많은 시간과 돈, 노력이 투자되는 하나의 산업이라 할 수 있습니다. 삼바 경연대회를 위해 삼바를 배우고 공연하는 댄스 클럽인 삼바스쿨(Escolas de samba)들은 거의 일년 동안 퍼레이드를 준비합니다. 각 삼바스쿨은 프로그램의 주제에 맞춰 음악, 안무 등 작품을 구상하며 3천 명 이상의 공연자들로 구성되어야 합니다.

삼바 퍼레이드는 삼보드로무(Sambódromo)라는 전용 공연장에서 이뤄지며 7만여 개의 관람석을 갖추고 있습니다. 삼보드로무는 구역마다 입장료가 다르고 VIP석은 대기업들이 구역별로 빌리기도 합니다.

2018년 카니발 산업은 약 2,600억 달러 규모에 달했으며 2만 개 이상의 일자리를 창출했습니다. 이렇듯 카니발은 브라질에 있어 경제·사회적으로 아주 중요한 행사라고 할 수 있습니다.

Unidade 08

Estou com dor de cabeça.
머리가 아파.

기본회화

Seongmin: **Tem remédio?**
떵   헤메지우

Estou com dor de cabeça.
에스또우 꽁   도르 지 까베싸

Laura: **Sim, aqui.**
씽   아끼

Sobraram dois comprimidos.
쏘브라랑   도이스 꼼쁘리미두스

Seongmin: **Obrigado.**
오브리가두

Estou com muito frio.
에스또우 꽁   무이뚜   프리우

Laura: **Você deve ir ao médico.**
보쎄   데비   이르 아우 메지꾸

Seongmin: **Prefiro descansar em casa.**
쁘레피루   데스깐싸르   엥   까자

성민: 약 있니?
        머리가 아파.
라우라: 응, 여기.
        알약 두 개가 남았어.
성민: 고마워.
        너무 춥다.
라우라: 너 병원에 가봐야 해.
성민: 그냥 집에서 쉬는 게 낫겠어.

기본회화 해설

1. Estou com dor de cabeça. 머리가 아파.

'estar com+명사'를 써서 현재 상태를 나타낼 수 있습니다.

    estar com +frio: 추위를 느끼다
    에스또우 꽁   프리우

    estar com+calor: 더위를 느끼다
    에스또우 꽁   깔로르

2. Você deve ir ao médico. 너 병원에 가봐야 해.

'dever+동사원형'은 '~해야 한다'라는 뜻이며, ir ao médico는 '의사에게 가다'라는 뜻으로 '진찰을 받다', '병원에 가다'를 의미합니다.

1인칭	devo 데부	devemos 데베무스
2인칭	deves 데비스	deveis 데베이스
3인칭	deve 데비	devem 데빙

3. Prefiro descansar em casa. 그냥 집에서 쉬는 게 낫겠어.

preferir는 '~를 선호하다'라는 뜻입니다. 전치사 a와 함께 써서 preferir A a B, 즉 'B보다 A를 선호하다'라는 뜻이 되며, 비교대상 없이도 쓰입니다.

1인칭	prefiro 쁘레피루	preferimos 쁘레페리무스
2인칭	preferes 쁘레페리스	preferis 쁘레페리스
3인칭	prefere 쁘레페리	preferem 쁘레페링

새로 나온 단어

remédio 헤메지우 약

dor 도르 고통, 아픔

cabeça 까베싸 머리

aqui 아끼 여기

sobraram 쏘브라랑 sobrar(남다)의 완전과거 3인칭 복수형

comprimido 꼼쁘리미두 알약

frio 프리우 추위

médico 메지꾸 의사

descansar 데스깐싸르 휴식하다

casa 까자 집

Você está com frio?

보쎄　에스따 꽁　프리우

너 춥니?

Sim, estou com muito frio.

씽　에스또우 꽁　무이뚜 프리우

응, 너무 추워.

Estou com dor de garganta.

에스또우 꽁　도르 지 가르간따

나는 목이 아프다.

Carlos está com dor nas costas.

까를루스 에스따 꽁　도르 나스　꼬스따스

까를루스는 등이 아프다.

Isabel está com cólica.

이싸베우 에스따 꽁　꼴리까

이사벨은 생리통이 있다.

Sobrou apenas um morango.

쏘브로우　아뻬나스　웅　모랑구

딸기가 단 한 개만 남았다.

Tip

apenas는 '단지'를 뜻하는 부사입니다.

Só falta uma semana para as férias.

쏘 파우따 우마　쎄마나　빠라　아스 페리아스

일주일만 있으면 휴가다.

Tip

faltar는 '모자라다'는 뜻입니다. 따라서 '휴가가 되려면 일주일이 모자라다'라는 뜻입니다.

Faltam 10 dias para a minha formatura.

파우땅　데쓰 지아스 빠라　아 미냐　포르마뚜라

나의 졸업식까지 10일 남았다.

Tenho medo de ir ao médico.

떼뉴　메두　지 이르 아우 메지꾸

병원에 가기 무섭다.

Tip

검진은 영어의 'checkup'을 사용하기도 하고 '시험, 검사'를 뜻하는 'exame'라는 단어를 사용하여 'exame médico'라고 하기도 합니다.

Devo fazer um check-up médico anual?

데부　파제르 웅　섹업　메지꾸　아누아우

나는 매년 건강검진을 해야 할까요?

Tip

sentir(느끼다)는 불규칙 동사입니다.

1인칭	3인칭
sinto	sente
sentimos	sentem

Tip

nunca는 영어의 'never'에 해당하며 '결코/절대 ~하지 않다'를 뜻합니다.

· mentir(거짓말하다)

1인칭	3인칭
minto	mente
mentimos	mentem

Tip

abacaxi 앞에 관사를 붙일 경우, 뒤에 있는 명사 앞에도 관사를 붙여줘야 합니다. 따라서 전치사 a와 여성관사 a가 만나 à가 되는 것입니다.

Não me sinto bem.
나웅 미 씬뚜 벵

기분이(몸이) 별로 좋지 않아요.

Marcos nunca mente.
마르꾸스 눈까 멘치

마르꾸스는 절대 거짓말하지 않는다.

Eles mentem e não sentem nada.
엘리스 멘뗑 이 나웅 쎈뗑 나다

그들은 거짓말을 하고 아무것도 느끼지 못한다.

Qual você prefere, café ou suco?
꽈우 보쎄 쁘레페리 까페 오우 쑤꾸

당신은 커피와 주스 중 어느 것을 선호하세요?

Eu prefiro café, obrigado.
에우 쁘레피루 까페 오브리가두

저는 커피가 좋습니다, 감사합니다.

Prefiro estudar a trabalhar.
쁘레피루 에스뚜다르 아 뜨라발랴르

일하는 것보다 공부하는 것을 선호한다.

Prefiro o abacaxi à melancia.
쁘레피루 우 아바까시 아 멜란씨아

나는 수박보다 파인애플을 선호한다.

주요표현 단어

dor 도르 아픔, 고통	**médico** 메지꾸 의사, 의사의
garganta 가르간따 목	**anual** 아누아우 해마다, 매년
costas 꼬스따스 등	**bem** 벵 좋음
cólica 꼴리까 생리통	**nunca** 눈까 결코
morango 모랑구 딸기	**nada** 나다 아무것도
férias 페리아스 휴가	**suco** 수꾸 주스
só 쏘 단지	**abacaxi** 아바까시 파인애플
formatura 포르마뚜라 졸업식	**melancia** 멜란씨아 수박

ficar 동사와 빈도부사

estar 동사와 마찬가지로, 감정이나 상태를 나타낼 때 ficar 동사를 사용할 수 있습니다. '계속 되는 상태' 또는 '계획하지 않은 갑작스러운 변화'를 의미할 수 있습니다. 예문을 통해 자세히 알아보겠습니다.

Fico nervosa quando estou com você. 난 당신과 함께 있으면 긴장된다.
피꾸 네르보자 꽌두 에스또우 꽁 보쎄

Vai **ficar** aqui até quando? 언제까지 여기에 있을 거니?
바이 피까르 아끼 아떼 꽌두

Fiquei doente durante a viagem. 나는 여행하는 동안 아팠다.
피께이 도엔치 두란치 아 비아젱

Fique à vontade. 편하게 둘러보세요./ 편하게 쉬세요.
피끼 아 본따지

● 빈도부사

이제 빈도부사에 대해 알아보겠습니다.

sempre 쎙쁘리		항상
geralmente 제라우멘치		일반적으로
muitas vezes 무이따스 베지스		자주, 여러 번
às vezes 아스 베지스		가끔
raramente 하라멘치		드물게
nunca 눈까		결코, 절대

Meu amigo é **sempre** honesto. 메우 아미구 에 쎙쁘리 오네스뚜 내 친구는 항상 정직하다.

Geralmente, ele não sai às noites. 그는 일반적으로 밤에 나가지 않는다.
제라우멘치 엘리 나웅 싸이 아스 노이치스

Assisti a esse filme **muitas vezes**. 나는 그 영화를 여러 번 봤다.
아씨스치 아 에씨 피우미 무이따스 베지스

Minha mãe cozinha **às vezes**. 엄마는 가끔 요리를 한다.
미냐 마이 꼬지냐 아스 베지스

Eu **raramente** vou ao lanchonete. 나는 스낵바에 좀처럼 가지 않는다.
에우 하라멘치 보우 아우 란쇼네치

Ele **nunca** fala a verdade. 그는 결코 진실을 말하지 않는다.
엘리 눈까 팔라 아 베르다지

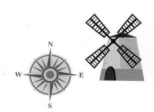

1. 다음 빈칸에 알맞은 빈도부사를 넣으세요.

1) (   ) estou feliz. 나는 항상 행복하다.

2) Vou (   ) ao mercado. 나는 시장에 거의 가지 않는다.

3) (   ) mais vou beber.
   나는 앞으로 절대 (술을) 마시지 않을 것이다.

4) (   ) eu fico triste. 나는 자주 슬프다.

note

• feliz 행복
• mercado 시장
• beber 마시다
• triste 슬픈

2. 다음을 해석해 보세요.

1) Prefiro comer hambúrguer a pizza.

2) Ele prefere hotel a casa.

3) Prefiro ficar em casa.

4) Faltam 2 dias para o seu aniversário.

• preferir ～를 선호하다

3. 다음을 포르투갈어로 작문하세요.

1) 나는 배가 너무 고프다.
2) 나는 배가 아프다.
3) 그녀는 목이 마르다.
4) 나는 건강검진을 할 것이다.

• fome 배고픔
• barriga 배, 복부
• sede 목마름, 갈증
• check-up 검진

정답

1. 1) sempre   2) raramente   3) nunca   4) muitas vezes   2. 1) 나는 피자보다 햄버거 먹는 게 좋다.
2) 그는 집보다 호텔을 선호한다.   3) 집에 있는 게 낫겠다.   4) 너의 생일이 되려면 이틀 남았다.
3. 1) Estou com muita fome.   2) Estou com dor de barriga.   3) Ela está com sede.   4) Eu vou fazer um
check-up médico.

▶ 신체를 나타내는 단어

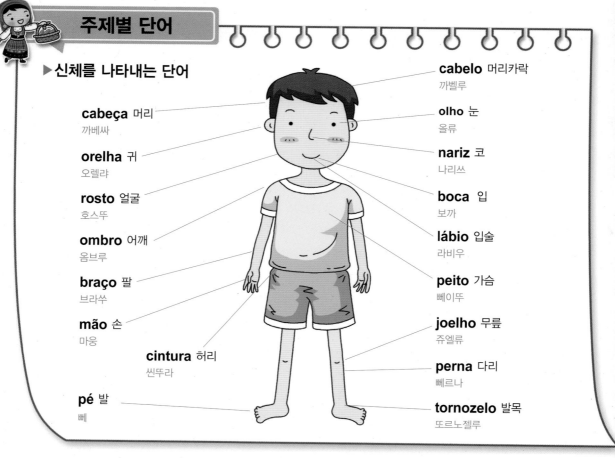

cabelo 머리카락
까벨루

cabeça 머리
까베싸

olho 눈
올류

orelha 귀
오렐랴

nariz 코
나리쓰

rosto 얼굴
호스뚜

boca 입
보까

ombro 어깨
옴브루

lábio 입술
라비우

braço 팔
브라쑤

peito 가슴
뻬이뚜

mão 손
마웅

joelho 무릎
쥬엘류

cintura 허리
씬뚜라

perna 다리
뻬르나

pé 발
뻬

tornozelo 발목
또르노젤루

〈병 관련 단어〉

médico 메지꾸 의사

enfermeiro 엔페르메이루 간호사

paciente 빠씨엔치 환자

medicamento 메지까멘뚜 약

prescrição 쁘레스끄리싸웅 처방전

febre 페브리 열

cansado 깐싸두 피곤한

injetar 인제따르 주사를 놓다

resfriado 헤스프리아두 감기

tosse 또씨 기침

corrimento nasal 꼬히멘뚜 나싸우 콧물

dor de dente 도르 지 덴치 치통

dor de barriga 도르 지 바히가 복통

tonsilite 똔씰리치 편도염

gastrite 가스뜨리치 위염

hepatite 에빠치치 간염

pressão de sangue 쁘레싸웅 지 쌍기 혈압

sangue 쌍기 피

temperatura 뗌뻬라뚜라 체온

diarréia 지아헤이아 설사

apetite 아뻬치치 식욕

constipação 꼰스치빠싸웅 변비

ferida 페리다 부상, 상처

queimadura 께이마두라 화상

coceira 꼬쎄이라 가려움

infecção 인펙싸웅 염증

curar 꾸라르 치료하다

torcer 또르쎄르 삐다

digerir 디제리르 소화하다

vomitar 보미따르 토하다

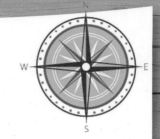

포르투갈 와인

포르투갈의 와인은 로마의 지배 당시부터 로마로 수출되기 시작했습니다. 현재는 전 세계에서 9번째로 수출을 많이 하는 와인 생산 강국입니다. 대표적인 와인으로는 주정강화 와인인 포르투 와인(Vinho do Porto), 식전 와인으로 유명한 마데이라 와인(Vinho da Madeira), 마테우스 로제 와인(Vinho Mateus Rosé), 비뉴 베르드(Vinho Verde) 등이 있습니다.

● 비뉴 두 포르투(Vinho do Porto)

포트 와인(Port Wine)으로 알려진 비뉴 두 포르투(Vinho do Porto)는 포르투갈 북부 도우

루(Alto Douro) 강 유역에서 재배되는 포도로 만들어지는 주정강화 와인입니다. 17세기에 항구 도시인 포르투(Porto)에서 수출되기 시작해 포르투 와인이라는 명칭을 얻게 되었습니다. 포트 와인은 발효 중인 와인에 브랜디를 첨가한 것으로 일반 와인보다 도수가 높고(19~22%) 단맛이 강해 주로 디저트 와인으로 마십니다.

● 비뉴 베르드(Vinho Verde)

그린 와인(Green Wine)은 포르투갈어로 비뉴 베르드(Vinho Verde)라고 하며 전 세계에

서 유일하게 포르투갈에서만 생산되는 와인입니다. 포르투갈 북서쪽 지방에서 생산되며 어린 포도를 수확해 만들어 산미가 강한 것이 특징입니다. 색상은 연두빛이 돌아 그린 와인이라 불리게 되었습니다. 가볍고 상큼해서 식전이나 가벼운 식사와 함께 즐기기 좋습니다.

Faço as tarefas de inglês.
영어 숙제해.

기본회화

Hojun: **O que você faz às tardes?**
우 끼 보쎄 파쓰 아스 따르지스

Letícia: **Faço as tarefas de inglês.**
파쑤 아스 따레파스 지 잉글레스

Hojun: **Hoje o dia está lindo. Começou a primavera.**
오지 우 지아 에스따 린두 꼬메쏘우 아 쁘리마베라

Quer passear comigo?
께르 빠씨아르 꼬미구

Letícia: **Não posso sair. Tenho que estudar porque vou ter três**
나웅 뽀쑤 싸이르 떼뉴 끼 에스뚜다르 뽀르끼 보우 떼르 뜨레스

provas na próxima semana.
쁘로바스 나 쁘로씨마 쎄마나

Hojun: **Ah é? Então vamos estudar juntos?**
아 에 인따웅 바무스 에스뚜다르 쥰뚜스

Não posso sair. Tenho que estudar porque vou ter três
provas a próxima semana.

Ah é? Então vamos estudar juntos?

해석

호준: 오후에는 뭐 해?

레치씨아: 영어 숙제해.

호준: 오늘 날씨가 좋네. 봄이 시작되었어.
나랑 산책하러 갈래?

레치씨아: 나갈 수 없어.
다음 주에 시험이 세 개나 있어서 공부해야 돼.

호준: 아, 그래? 그럼 같이 공부할까?

1. Faço as tarefas de inglês. 영어 숙제해.

대표적인 불규칙동사 fazer(~하다)의 용법에 대해 알아볼까요? fazer는 다음과 같이 변합니다.

1인칭	faço 파쑤	fazemos 파제무스
2인칭	fazes 파제스	fazeis 파제이스
3인칭	faz 파쓰	fazem 파젱

2. Começou a primavera. 봄이 시작되었어.

começou는 'começar(시작하다)'의 완전과거 3인칭 단수형입니다. 현재형은 다음과 같이 변합니다.

1인칭	começo 꼬메쑤	começamos 꼬메싸무스
2인칭	começas 꼬메싸스	começais 꼬메싸이스
3인칭	começa 꼬메싸	começam 꼬메쌍

começar처럼 변하는 동사는 pensar(생각하다), achar(발견하다), fechar(닫다) 등이 있습니다.

3. Não posso sair. 나갈 수 없다.

'poder+동사원형'은 '가능하다, ~할 수 있다'라는 뜻입니다. 불규칙동사 poder는 다음과 같이 변합니다.

1인칭	posso 뽀쑤	podemos 뽀데모스
2인칭	podes 뽀데스	podeis 뽀데이스
3인칭	pode 뽀지	podem 뽀뎅

 새로 나온 단어

às tardes 아스 따르지스 오후에
tarefa 따레파 숙제
inglês 잉글레스 영어
começou 꼬메쏘우 começar(시작하다)의 완전과거 3인칭 단수형
primavera 쁘리마베라 봄
passear 빠씨아르 산책하다
comigo 꼬미구 나와 함께

estudar 에스뚜다르 공부하다
porque 뽀르끼 왜냐하면
três 뜨레스 3, 셋
prova 쁘로바 시험
próximo/próxima 쁘로씨무/쁘로씨마 다음의
semana 쎄마나 주
Ah é? 아 에 아, 그래?
juntos 쥰뚜스 함께

주요표현

Tip
cá는 aqui(여기)와 같은 뜻입니다.

Pode vir para cá?
뽀지　비르 빠라　까
너 여기로 올 수 있니?

Posso beber seu café?
뽀쑤　베베르　쎄우 까페
내가 너의 커피를 마셔도 되겠니?

Posso falar a verdade?
뽀쑤　팔라르 아 베르다지
내가 사실을 말해도 되겠니?

Eu posso cantar bem.
에우 뽀쑤　깐따르　벵
나는 노래를 잘할 수 있다.

Não posso comer amendoim.
나웅 보쑤　꼬메르　아멘도잉
나는 땅콩을 먹을 수 없다.

Tip
의견을 나타낼 때 achar(~라고 생각하다) 동사를 사용합니다. achar는 '찾다, 발견하다'라는 뜻도 가지고 있습니다.

Podem falar em voz alta.
뽀뎅　팔라르 엥　보쓰 아우따
큰 소리로 말해도 돼.

O que você acha?
우 끼　보쎄　아샤
어떻게 생각해?

Tip
muito는 부사로 사용될 때 성, 수에 변화하지 않고 항상 muito 입니다.

Acho que este anel é muito caro.
아슈　끼　에스치 아네우 에 무이뚜　까루
나는 이 반지가 너무 비싸다고 생각해.

Tip
여기서 achar는 '발견하다, 찾다'의 뜻으로, achei는 완전과거 1인칭 단수형입니다.

Achei meu celular!
아쎄이　메우　쎌루라르
내 핸드폰 찾았다!

Tip
어떠한 생각, 계획을 나타낼 때 pensar(생각하다) 동사를 사용합니다.

Você pensa em visitar o Rio?
보쎄　뻰싸　엥　비지따르 우 히우?
히우를 방문할 생각 있니?

Tip

'~에 대해 생각하다'라는 표현은 전치사 em과 같이 써 줍니다. 전치사 뒤에는 전치격 대명사가 옵니다.

 Tip

dúvida는 '궁금한 점, 의문점'을 뜻합니다.

 Tip

'fazer compras'는 '쇼핑하다'는 표현입니다.

 Tip

'다이어트를 하다'는 fazer dieta 또는 fazer regime[파제르 헤지미]라고도 할 수 있습니다.

Penso em ti.
뻰쑤　엥 치
너를 생각해.

Tenho dúvidas.
떼뉴　두비다스
궁금한 게 있어.

Faço perguntas ao professor todos os dias.
파쑤　뻬르군따스　아우 쁘로페쏘르　또두스　우스 지아스
나는 교수님께 매일 질문을 한다.

Mariana faz compras online.
마리아나　파쓰 꼼쁘라스　온라이니
마리아나는 온라인 쇼핑을 한다.

Muitas pessoas fazem dieta.
무이따스　뻬쏘아스　파젱　지에따
많은 사람들이 다이어트(식단 관리)를 한다.

Começa hoje a Copa do Mundo.
꼬메싸　오지 아 꼬빠　두 문두
오늘 월드컵이 시작된다.

 **주요표현 단어**

cá 까 여기　　　　　　　　**caro** 까루 비싼

beber 베베르 마시다　　　　**celular** 셀루라르 핸드폰

café 까페 커피　　　　　　**visitar** 비지따르 방문하다

verdade 베르다지 진실　　　**dúvida** 두비다 의문점

cantar 깐따르 노래하다　　　**pergunta** 뻬르군따 질문

comer 꼬메르 먹다　　　　　**todos os dias** 또두스 우스 지아스 매일

amendoim 아멘도잉 땅콩　　**compra** 꼼쁘라 구매

anel 아네우 반지　　　　　　**Copa do Mundo** 꼬빠 두 문두 월드컵

saber와 conhecer 동사의 차이점

saber와 conhecer은 둘 다 '알다'라는 뜻을 가지고 있지만 그 용법에는 약간의 차이가 있습니다. 먼저 saber와 conhecer은 다음과 같이 변합니다.

	saber		conhecer	
1인칭	sei 쎄이	sabemos 싸베무스	conheço 꼬녜쑤	conhecemos 꼬녜쎄무스
2인칭	sabes 싸비스	sabeis 싸베이스	conheces 꼬녜씨스	conheceis 꼬녜쎄이스
3인칭	sabe 싸비	sabem 싸벵	conhece 꼬녜씨	conhecem 꼬녜쎙

saber의 용법은 다음과 같습니다.

1. ~을 할 줄 알아(+동사원형)

Eu **sei** cozinhar. 에우 쎄이 꼬지냐르 나는 요리를 할 줄 안다.

Você **sabe** tocar piano? 보쎄 싸비 또까르 삐아누 너 피아노 칠 줄 아니?

2. 지식이나 사실을 알다.

Você **sabe** quando começam as provas? 시험이 언제 시작하는지 아니?
보쎄 싸비 꽌두 꼬메쌍 아스 쁘로바스

(Eu) Não **sei**. 에우 나웅 쎄이 (나는) 몰라.

conhecer은 무언가 경험을 통해 알았을 때 사용합니다. 예를 들면 사람이나 도시를 (경험으로) 알 때 이 동사를 사용합니다.

Ele **conhece** o Rio de Janeiro muito bem. 그는 리우 지 자네이루를 잘 안다.
엘리 꼬녜씨 우 히우 지 자네이루 무이뚜 벵

Você **conhece** o amigo do Thiago? 보쎄 꼬녜씨 우 아미구 두 치아구 너 치아구의 친구를 아니?

이제 전치격 인칭대명사에 대해 알아보겠습니다. 전치사 뒤에는 eu나 tu 대신 mim과 ti가 오는데 나머지 인칭대명사는 변화가 없습니다.

1인칭	mim 밍	nós 노스
2인칭	ti 치	vós 보스
3인칭	ele, ela, você	eles, elas, vocês

Eu preparei um bolo para **ti**. 에우 쁘레빠레이 웅 볼루 빠라 치 너를 위해 케익을 준비했어.

Ele pensa em **mim**. 엘리 뻰싸 엥 밍 그는 나를 생각한다.

Quero ir para Paris com **vocês**. 께루 이르 빠라 빠리스 꽁 보쎄스 나는 너희와 함께 파리에 가고 싶어.

단, 여기서 주의할 점은 전치사 '~와 함께'라는 뜻의 com과 mim, ti가 함께 쓰일 때는 comigo, contigo가 됩니다.

note

1. 다음 불규칙동사의 직설법 현재형 변화에 맞게 표를 채우세요.

- achar ～라고 생각하다
- fechar 닫다
- fazer 만들다

1) achar

인칭	단수	복수
1인칭		achamos
2인칭	achas	achais
3인칭		

2) fechar

인칭	단수	복수
1인칭	fecho	fechamos
2인칭		fechais
3인칭		

3) fazer

인칭	단수	복수
1인칭		
2인칭	fazes	fazeis
3인칭		fazem

2. saber와 conhecer 동사를 활용하여 다음을 포르투갈어로 작문하세요.

1) 너는 프랑스어를 할 줄 아니?

2) 너는 헤베까를 아니?

3) 당신은 독일에 가 본 적 있습니까?

4) 마리오의 생일이 언제인지 아니?

- francês 프랑스어
- Alemanha 독일
- aniversário 생일

3. 다음 문장에서 틀린 부분을 바르게 고치세요.

1) Penso em tu.   2) Quer dançar com eu?

3) Quero ir ao Brasil com tu.   4) Não posso como chocolate.

- pensar 생각하다
- chocolate 초콜릿

정답

1. 1) acho / acha / acham   2) fechas / fecha / fecham   3) faço / faz / fazemos   2. 1) Você sabe falar francês?   2) Você conhece a Rebeca?   3) Você conhece Alemanha?   4) Você sabe quando é o aniversário do Mario?   3. 1) Penso em ti.   2) Quer dançar comigo?   3) Quero ir ao Brasil contigo. 4) Não posso comer chocolate.

▶주요 형용사

muito 많은
무이뚜

pouco 적은
뽀우꾸

grande 큰
그란지

pequeno 작은
빼께누

amplo 암쁠루 넓은

estreito 에스뜨레이뚜 좁은

longe 론지 먼

perto 뻬르뚜 가까운

bonito 보니뚜 예쁜

feio 페이우 못생긴

bom 봉 좋은

mau 마우 나쁜

caro 까루 비싼

barato 바라뚜 저렴한

novo 노부 새로운

antigo 안치구 오래된

alto 아우뚜 키가 큰, 높은

baixo 바이슈 키가 작은, 낮은

comprido 꼼쁘리두 긴

curto 꾸르뚜 짧은

〈의류 관련 단어〉

vestir 베스치르 입다

camisa 까미자 셔츠

jaqueta 쟈께따 자켓

saia 싸이아 치마

minissaia 미니싸이아 미니스커트

vestido 베스치두 원피스

maiô 마이오 수영복

meia 메이아 양말

roupa interior 호우빠 인떼리오르 속옷

cueca 꾸에까 남성용 팬티

calcinha 까우씽야 여성용 팬티

sutiã 쑤치아 브래지어

luvas 루바스 장갑

pijama 삐자마 잠옷

calça 까우싸 바지

terno 떼르누 양복

suéter 쑤에떼르 스웨터

sapato/calçado 싸빠뚜/까우싸두 신발

tênis 떼니스 운동화

chapéu 샤뻬우 모자

bolsa 보우싸 가방

jeans 진스 청바지

casaco 까자꾸 코트

lenço 렌쑤 손수건

cinto 씬뚜 허리띠

gravata 그라바따 넥타이

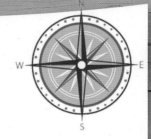

이구아수 폭포(Cataratas do Iguaçu)

이구아수 폭포는 브라질과 아르헨티나의 국경에 걸쳐져 있으며 약 275개의 폭포로 이뤄진 거대한 폭포입니다. 이구아수(Iguaçu)는 원주민어인 과라니어로 '큰 물'이라는 뜻입니다. 유네스코 세계유산으로 지정된 곳이며 나이아가라 폭포, 빅토리아 폭포와 함께 세계 3대 폭포로 손꼽힙니다.

브라질과 아르헨티나 두 나라 모두 폭포 주변과 밀림을 이구아수 국립공원(Parque Nacional do Iguaçu)으로 지정하여 보호하고 있습니다. 2011년에는 이 지역이 세계 7대 자연경관 중 하나로 선정되었습니다. 전 세계에서 많은 관광객이 방문하고 있는 세계적 관광지로서 브라질의 포스두이구아수(Foz do Iguaçu), 아르헨티나의 푸에르토이구아수(Puerto Iguazú), 파라과이의 시우다드델에스테(Ciudad del Este) 등에서 모두 접근이 가능합니다.

이구아수 국립공원에서는 트레킹, 보트 투어, 헬기 투어 등 다양한 액티비티를 즐길 수 있고 다양한 동식물을 볼 수 있습니다. 이곳을 방문한다면 대자연의 아름다움을 탐험할 수 있는 특별한 기회가 될 것입니다.

Unidade 10

Quando você costuma estudar?
너는 주로 언제 공부하니?

기본회화

Thiago: **O que você está estudando?**
우 끼 보쎄 에스따 에스뚜단두

Enkyung: **Estou estudando a história da Coreia.**
에스또우 에스뚜단두 아 이스또리아 다 꼬레이아

Thiago: **Quando você costuma estudar?**
꽌두 보쎄 꼬스뚜마 에스뚜다르

Enkyung: **Eu estudo no horário de almoço.**
에우 에스뚜두 누 오라리우 지 아우모쑤

Por que?
뽀르 께

Thiago: **Porque eu quero estudar com você.**
뽀르끼 에우 께루 에스뚜다르 꽁 보쎄

Enkyung: **Ah, é? Então vamos estudar juntos!**
아 에 인따웅 바무스 에스뚜다르 쥰뚜스

> Eu estudo no horário de almoço. Por que?

> Porque eu quero estudar com você.

해석

치아구: 너 뭐 공부하고 있니?
은경: 한국 역사를 공부하고 있어.
치아구: 주로 언제 공부하니?
은경: 점심 시간에 공부해.
왜?
치아구: 왜냐하면 너랑 같이 공부하고 싶어서.
은경: 아, 그래? 그럼 같이 공부하자!

88 Unidade 10. Quando você costuma estudar?

1. O que você está estudando? 너 뭐 공부하고 있니?

의문사 que는 '무엇(what)'이라는 뜻입니다.

o는 보조적인 품사이기 때문에 빠져도 문장의 의미가 변하지 않습니다. 다만 회화에서는 주로 함께 사용되고 있습니다.

2. Quando você costuma estudar? 주로 언제 공부하니?

quando는 '언제(when)'라는 뜻입니다.

'costumar+동사원형'은 '~습관이 있다', '주로 ~을 한다'라고 해석할 수 있습니다.

Eu *costumo* comer bastante frutas. 나는 과일을 많이 먹는 습관이 있다.
에우 꼬스뚜무 꼬메르 바스딴치 프루따스

Ela *costuma* dormir às nove horas da noite. 그녀는 주로 밤 9시에 잔다.
엘라 꼬스뚜마 두르미르 아스 노비 오라스 다 노이치

3. Por que? 왜?

por que는 '왜(why)'라는 뜻입니다. 띄어쓰기를 해야 의문문이 되고, 붙여서 쓴 porque는 '왜냐하면(because)'이라는 뜻입니다.

Por que você não foi à aula? 왜 수업에 가지 않았니?
뽀르 께 보쎄 나웅 포이 아 아울라

Porque fiquei doente. (왜냐하면) 아파서.
뽀르끼 피께이 도엔치

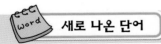

새로 나온 단어

que 끼 무엇	**no horário de** 누 오라리우 지 ~시간에
estudando 에스뚜단두 'estudar(공부하다)+ing' 형태	**almoço** 아우모쑤 점심
estudo 에스뚜두 estudar(공부하다)의 1인칭 단수	**por que** 뽀르 끼 왜
história da Coreia 이스또리아 다 꼬레이아 한국의 역사	**porque** 뽀르끼 왜냐하면
quando 꽌두 언제	**então** 인따웅 그렇다면
costuma 꼬스뚜마 costumar(습관되다)의 3인칭 단수	**juntos** 쥰뚜스 함께

O que significa isso?

우 끼　시그니피까　이쑤

그게 무슨 뜻이니?

> **Tip**
> 강세가 있는 quê는 문장의 끝에 오며, 바로 뒤에 물음표를 붙입니다.

Aconteceu o quê?

아꼰떼쎄우　우 께

무슨 일이 있었나요?

> **Tip**
> veio는 vir(오다)의 완전과거 3인칭 단수형입니다.

Por que você não veio ontem?

뽀르 끼　보쎄　나웅　베이우 온뗑

너는 왜 어제 오지 않았니?

Porque eu fiquei doente.

뽀르끼　에우 피께이　도엔치

왜냐하면 아팠기 때문이야.

> **Tip**
> fiquei는 ficar(~되다, 머물다)의 완전과거 1인칭 단수형입니다. ficar doente는 '아프다'라는 뜻입니다.

Eu nao sei por quê.

에우 나웅　쎄이 뽀르 께

이유가 뭔지 모르겠다.

> **Tip**
> 띄어쓰기와 강세가 있는 por quê는 문장 끝에 오며 바로 뒤에 구두점을 찍습니다.

Explicaram o porquê de tanto barulho.

에스쁠리까랑　우 뽀르께　지 딴뚜　바룰류

(그들은) 심한 소음의 원인을 설명해 주었다.

> **Tip**
> 강세가 있는 porquê는 '이유, 원인'을 의미하며 정관사와 함께 쓰입니다.

De quem é esse livro?

지 껭　에 에씨　리브루

그 책은 누구 거니?

Para quem é esse presente?

빠라 껭　에 에씨　쁘레젠치

그 선물은 누구 줄 거니?

> **Tip**
> 회화에서는 para를 줄여서 'pra'라고도 합니다.

Com quem ele está falando?

꽁 껭　엘리 에스따 팔란두

그는 누구와 말하고 있니?

> **Tip**
> 전치사와 의문사가 같이 의문의 내용을 표현할 때, 전치사는 의문사 앞에 옵니다.

Onde você está?

온지　보쎄　에스따

너 어디 있니?

De onde você é?
지 온지 보쎄 에

넌 어디 출신이니?

Quando ela voltou?
꽌두 엘라 볼또우

그녀는 언제 돌아왔니?

A que horas começa o filme?
아 끼 오라스 꼬메싸 우 피우미

영화는 몇 시에 시작하니?

Tip

회화에서는 a를 생략하는 경우
가 많습니다.

Tip

isso는 지시대명사 '그것'의 중
성형입니다.
'얼마예요?'는 'Quanto custa?'
또는 'Quanto é?'라고 합니다.

Quanto custa isso?
꽌뚜 꾸스따 이쑤

그건 얼마입니까?

Quantos livros de romance você tem?
꽌뚜스 리브루스 지 호만씨 보쎄 뗑

너는 소설 책 몇 권 있니?

Como foi seu dia hoje?
꼬무 포이 쎄우 지아 오지

오늘 너의 하루는 어땠니?

word power **주요표현 단어**

aconteceu 아꼰떼쎄우 acontecer(발생하다)의 완전과
거 1인칭 단수형

ontem 온뗑 어제

doente 도엔치 아픈, 환자

explicaram 에스쁠리까랑 explicar(설명하다)의 완전과
거 3인칭 복수형

tanto 딴뚜 그렇게 많이

barulho 바룰류 소음

com 꽁 함께

quem 껭 누구

falando 팔란두 falar(말하다)의 현재분사

livro 리브루 책

para 빠라 ~위해

presente 쁘레젠치 선물

voltou 볼또우 voltar(돌아오다)의 완전과거 3인칭 단수
형

começar 꼬메싸르 시작하다

filme 피우미 영화

custar 꾸스따르 비용이 들다

romance 호만씨 소설

dia 지아 날

hoje 오지 오늘

의문사

이번에는 의문사에 대해 알아볼까요? 의문사는 문장 맨 앞에 옵니다.

1. qual 어떤 것, 어느 것…

que가 본질이나 개념에 대한 의문이라면, qual는 여러 선택지 중에 '어느 것'이냐는 선택에 대한 의문입니다.

Qual é o seu nome? 꽈우 에 우 쎄우 노미 너의 이름은 무엇이니?

Qual é o seu signo do zodíaco? 꽈우 에 우 쎄우 씨그누 두 쏘지아꾸 너의 별자리는 뭐니?

Quais são os sintomas de câncer? 꽈이스 싸웅 우스 씬또마스 지 깐쎄르 암 증상은 어떤 것들이 있나요?

2. quem 누구

수 변화를 하지 않습니다.

Quem é ele? 껨 에 엘리 그는 누구니?

Quem são eles? 껨 싸웅 엘리스 그들은 누구니?

3. quanto 몇 개, 얼마나

성, 수 변화를 합니다.

Quanto tempo vai demorar? 꽌뚜 뗌뿌 바이 데모라르 얼마나 걸리나요?

Quantas pessoas moram nas ruas? 몇 명의 사람들이 길거리에서 사나요?
꽌따스 뻬쏘아스 모랑 나스 후아스

4. como 어떻게

상태나 방법 등을 묻습니다. 성, 수 변화는 하지 않습니다.

Como vai? 꼬무 바이 어떻게 지내?

5. onde 어디

장소를 묻습니다. 성, 수 변화는 하지 않습니다.

Onde você mora? 온지 보쎄 모라 너 어디 사니?

Onde está a Ana? 온지 에스따 아 아나 아나는 어딨니?

• 브라질에서는 onde está를 뜻하는 의문부사 cadê도 자주 사용됩니다.

Cadê a Ana? 까데 아 아나 아나는 어딨니?

Cadê a minha bolsa? 까데 아 미냐 보우싸 내 가방 어딨니?

note

1. 다음 빈칸에 알맞은 의문사를 넣으세요.

1) (　　) são vocês? 당신들은 누구세요?

2) (　　) livros tem? 책 몇 권 있니?

3) (　　) é o seu número de telefone? 전화번호가 뭐니?

4) (　　) vai parar de chover? 비는 언제 그칠까?

5) Aconteceu o (　　)? 무슨 일이니?

• número de telefone
　전화번호

2. 다음 빈칸에 알맞은 전치사를 넣으세요.

1) (　　) onde elas são?

　그녀들은 어디 출신입니까?

2) (　　) quem você gostaria de jantar?

　너는 누구랑 저녁 먹고 싶니?

3) (　　) que você não trabalha?

　너는 왜 일하지 않니?

4) (　　) que horas ele volta?

　그는 몇 시에 돌아오니?

5) (　　) onde vai?

　어디로 가니?

• gostaria de　～하고 싶
　다
• jantar　저녁 먹다
• voltar　돌아오다

3. 다음 문장에서 틀린 부분을 바르게 고치세요.

1) Quanta canetas tem?

2) Porque não comeu nada?

3) Quanto é o seu aniversário?

4) Não explicaram o porque?

• caneta　볼펜
• aniversário　생일
• explicar　설명하다

정답

1. 1) Quem　2) Quantos　3) Qual　4) Quando　5) quê　　2. 1) De　2) Com　3) Por
4) A　5) Para　　3. 1) Quantas canetas tem?　2) Por que não comeu nada?　3) Quando é o seu
aniversário?　4) Não explicaram o porquê?

▶ 맛 · 채소 · 식기 · 그릇 종류

gostoso 맛있는
고스또주

picante 매운
삐깐치

estar com fome
에스따르 꽁 포미
배고프다

estar cheio
에스따르 셰이우
배부르다

alho 마늘
알류

pimentão 고추
삐멘따웅

cebola 양파
쎄볼라

cenoura 당근
쎄노우라

〈맛〉

doce 도씨 단

salgado 싸우가두 짠

amargo 아마르구 쓴

ácido 아씨두 신

quente 껭치 뜨거운

gelado 젤라두 차가운

〈채소〉

legume 레구미 채소

batata 바따따 감자

tomate 또마치 토마토

pepino 뻬삐누 오이

alface 아우파씨 상추

soja 쏘쟈 콩

ervilha 에르빌랴 완두콩

abóbora 아보보라 호박

berinjela 베린젤라 가지

batata-doce 바따따 도씨 고구마

cogumelo 꼬구멜루 버섯

〈식기, 그릇 종류〉

louça 로우싸 그릇

garfo 가르푸 포크

faca 파까 나이프

colher 꼴례르 수저

pauzinhos 빠우지뉴스 젓가락

copo 꼬뿌 컵

xícara 시까라 찻잔

prato 쁘라뚜 접시

panela 빠넬라 냄비

chaleira 샬레이라 주전자

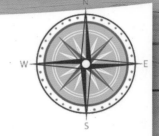

리우 데 자네이루(Rio de Janeiro)

브라질 발음으로는 '히우 지 자네이루'라고 하며 보통 '히우'라는 약칭으로 불립니다. 이 도시는 브라질에서 두 번째로 큰 도시로 약 650만 명이 거주하고 있습니다. 항구도시인 히우는 아름다운 해안 경관을 자랑하며 세계 3대 미항으로 꼽힙니다. 유네스코 지정 세계문화유산에 등록된 곳이기도 합니다.

[코르코바도]

가장 많이 알려진 관광명소는 코르코바도(Corcovado) 산 정상에 있는 예수상(Cristo Redentor)입니다. 38미터 높이의 예수상은 히우의 상징이라고도 할 수 있습니다. 코파카바나(Copacabana), 이파네마(Ipanema)와 같은 아름다운 해변도 관광객이 끊이지 않는 명소입니다. 세계적인 휴양지로 알려져 있고 영화에서도 종종 등장하곤 합니다.

그러나 히우는 어두운 면모도 가지고 있습니다. 히우의 유명한 빈민촌 '파벨라(Favela)'는 경찰조차 들어가길 꺼릴 정도로 위험한 지역입니다. 높은 범죄율과 극심한 치안불안으로 인해 2017년에는 히우 주에 4천여 명의 군병력이 투입되기도 했습니다.

[파벨라]

기본회화

Davi: **Você gosta de samba?**
보쎄 고스따 지 쌈바

Larissa: **Sim, adoro!**
씽 아도루

Estou assistindo às aulas de samba.
에스또우 아씨스친두 아스 아울라스 지 쌈바

Davi: **Que legal! O seu irmão também gosta de dançar?**
끼 레가우 우 쎄우 이르마웅 땅벵 고스따 지 단싸르

Larissa: **Não, ele não gosta. E você?**
나웅 엘리 나웅 고스따 이 보쎄

Davi: **Eu gosto muito.**
에우 고스뚜 무이뚜

Gostaria de aprender a dançar samba.
고스따리아 지 아쁘렌데르 아 단싸르 쌈바

Larissa: **Eu vou te ensinar!**
에우 보우 치 엔씨나르

Eu gosto muito.
Gostaria de aprender a dançar samba.

Eu vou te ensinar!

해석
다비: 넌 삼바를 좋아하니?
라리쌰: 응, 정말 좋아해!
삼바 수업도 듣고 있어.
다비: 좋다! 너의 동생도 춤추는 걸 좋아하니?
라리쌰: 아니, 그는 좋아하지 않아. 너는?
다비: 난 아주 좋아해. 삼바 추는 법을 배우고 싶어.
라리쌰: 내가 가르쳐 줄게!

1. Você gosta de samba? 넌 삼바를 좋아하니?

gostar는 '~을 좋아하다'라는 뜻의 동사로, 'gostar de+명사' 형태로 좋아하는 대상을 붙여 문장을 만들면 됩니다.

gosto 고스뚜	gostamos 고스따무스
gostas 고스따스	gostais 고스따이스
gosta 고스따	gostam 고스땅

2. O seu irmão também gosta de dançar? 너의 동생도 춤추는 걸 좋아하니?

'gostar de+동사원형'으로 '~하는 것을 좋아한다'를 표현할 수 있습니다.

Eu *gosto de* ouvir música brasileira. 나는 브라질 음악 듣는 걸 좋아한다.
에우 고스뚜 지 오우비르 무지까 브라질레이라

3. Gostaria de aprender a dançar samba. 삼바 추는 법을 배우고 싶어.

gostaria는 gostar 동사의 과거미래형으로 '~하고 싶다'라는 뜻을 나타냅니다. 아래 예문을 보겠습니다.

A : Como posso ajudá-lo? 무엇을 도와드릴까요?
꼬무 뽀쑤 아쥬달루

B : Eu *gostaria* de saber o preço deste calçado. 이 신발의 가격을 알고 싶습니다.
에우 고스따리아 지 싸베르 우 쁘레쑤 데스치 까우싸두

 새로 나온 단어

samba 쌈바 쌈바
adoro 아도루 adorar(매우 좋아하다) 동사의 1인칭 단수
dançar 단싸르 춤추다
aula 아울라 수업

irmão 이르마옹 남동생. 형
gostaria 고스따리아 ~하고 싶다
aprender 아쁘렌데르 배우다
ensinar 엔씨나르 가르치다

Você gosta de viajar?
보쎄 고스따 지 비아쟈르
너는 여행하는 걸 좋아하니?

Sim, gosto muito.
씽 고스뚜 무이뚜
응, 아주 좋아해.

Ele gosta de doces?
엘리 고스따 지 도씨스
그는 단 걸 좋아하니?

Não, ele não gosta.
나웅 엘리 나웅 고스따
아니, 그는 좋아하지 않아.

Que tipo de filme você gosta mais?
끼 치뿌 지 피우미 보쎄 고스따 마이스
어떤 영화를 가장 좋아하니?

Eu gosto dos filmes românticos.
에우 고스뚜 두스 피우미스 호만치꾸스
나는 로맨스 영화를 좋아해.

Nós gostamos de pão de queijo.
노스 고스따무스 지 빠웅 지 께이쥬
우리는 빵 지 께이주(치즈 빵)를 좋아해.

Tip

'우리'를 뜻하는 a gente는 동사를 3인칭 단수형으로 변화시켜 줍니다.

A gente gosta da comida italiana.
아 젠치 고스따 다 꼬미다 이딸리아나
우리는 이탈리아 음식을 좋아해.

Eu gosto de você.
에우 고스뚜 지 보쎄
나는 네가 좋아.

Eu não gosto deles.
에우 나웅 고스뚜 델리스
나는 그들을 좋아하지 않아.

O que você gostaria de comer e beber?

우 끼 보쎄 고스따리아 지 꼬메르 이 베베르

너는 무엇을 먹고 마시고 싶니?

Eu gostaria de comer peixe frito e beber suco de laranja.

에우 고스따리아 지 꼬메르 뻬이시 프리뚜 이 베베르 쑤꾸 지 라랑쟈

나는 생선 튀김을 먹고 오렌지 주스를 마시고 싶어.

O que você gostaria de fazer hoje?

우 끼 보쎄 고스따리아 지 파제르 오지

오늘 뭐 하고 싶니?

Gostaria de ir ao cinema hoje à noite.

고스따리아 지 이르 아우 씨네마 오지 아 노이치

오늘 밤에 영화관에 가고 싶어.

Está muito calor, gostaria de ir à piscina.

에스따 무이뚜 깔로르 고스따리아 지 이르 아 삐씨나

너무 더워, 수영장에 가고 싶어.

Por que você não gosta de mim?

뽀르 끼 보쎄 나웅 고스따 지 밍

너는 왜 나를 좋아하지 않니?

Gostaria de saber a razão.

고스따리아 지 싸베르 아 하자웅

이유를 알고 싶어.

Tip

está는 회화에서 tá만 발음하는 경향이 있습니다. 'Está bom'이 우리가 알고 있는 '따봉'입니다.

주요표현 단어

viajar 비아쟈르 여행하다	**frito** 프리뚜 튀긴
doce 도씨 달콤한	**suco** 쑤꾸 주스
romântico 호만치꾸 로맨틱한	**laranja** 라랑쟈 오렌지
pão 빠웅 빵	**cinema** 씨네마 영화관
queijo 께이쥬 치즈	**noite** 노이치 밤
comida 꼬미다 음식	**piscina** 삐씨나 수영장
peixe 뻬이시 생선	**razão** 하자웅 이유

축소형/확대형 어미

포르투갈어의 축소형 어미와 확대형 어미에 대해 알아보겠습니다. 두 경우 모두 상황에 따라 '감정적 · 경멸적 · 반어적'인 의미로 쓰일 수 있습니다.

축소형은 '명사/형용사+-inho/-inha'의 형태로 만듭니다.

Seu amigo é bonitinho. (bonito+inho) 너의 친구는 (조금/아주) 귀엽다.
쎄우 아미구 에 보니치뉴

Quero beber um cafezinho gostoso. (café+inho) 맛있는 (작은) 커피를 마시고 싶다.
께루 베베르 웅 까페지뉴 고스또주

Vou daqui a pouquinho. (pouco+inho) 조금 있으면 (곧) 갈게.
보우 다끼 아 뽀우끼뉴

확대형은 '명사/형용사+-ão/-ona'의 형태로 만듭니다.

Que carrão! (carro+ão) 끼 까하웅 정말 큰(멋진) 차다!

Sua casa é grandão. (grande+ão) 쑤아 까자 에 그란다웅 너의 집은 매우 크다.

A Paula é uma solteirona. (solteira+ona) 아 빠울라 에 우마 쏘우떼이로나 빠울라는 노처녀다.

● 부정대명사

algum(a)	어떤	**Acho que aconteceu alguma coisa.** 어떤 일이 일어난 것 같아. 아슈 끼 아꼰떼쎄우 아우구마 꼬이자
nehum(a)	아무런	**Não tenho nenhum problema com ela.** 나웅 떼뉴 네늄 쁘로블레마 꽁 엘라 나는 그녀와 아무런 문제도 없다.
alguém	누군가	**Alguém me ajude, por favor.** 누군가 저를 제발 도와주세요. 아우겡 미 아쥬지 뽀르 파보르
ninguém	아무도	**Ninguém quer trabalhar.** 아무도 일하고 싶어하지 않는다. 닌겡 께르 뜨라발랴르
tudo	전부	**É tudo mentira.** 전부 거짓말이다. 에 뚜두 멘치라
nada	아무것도	**Nada funcionou.** 아무것도 소용이 없었다. 나다 푼씨오노우

연습문제

1. 다음 문장을 포르투갈어로 만들어 보세요.

1) 나는 책 읽는 것을 좋아한다.

2) 너는 나를 좋아하니?

3) 너희는 내일 뭐하고 싶니?

4) 나는 닭 튀김이 먹고 싶다.

note

- ler 읽다
- amanhã 내일
- frango 닭고기
- frito 튀긴

2. gostar 동사를 현재 형태로 쓰세요.

1) Eu (　　　) de falar português.
2) Ele (　　　) de ler livros?
3) Nós (　　　) de ouvir música.
4) Vocês (　　　) de assistir ao filme?

- falar 말하다
- música 음악
- assistir ao filme 영화 감상하다

3. 다음을 축소형 또는 확대형으로 만드세요.

1) Laura(사랑스러운)
2) bonito(아주 멋있는)
3) tempo(오랜 시간)
4) casa(작은 집)

정답

1. 1) Eu gosto de ler livros.　2) Você gosta de mim?　3) O que vocês gostariam de fazer amanhã?
4) Gostaria de comer frango frito.　2. 1) gosto　2) gosta　3) gostamos　4) gostam
3. 1) Laurinha　2) bonitão　3) tempão　4) casinha

▶교통

avião 비행기
아비아웅

trem 기차
뜨렝

metrô 지하철
메뜨로

táxi 택시
딱씨

ônibus 버스
오니부스

ambulância 구급차
암불란씨아

caminhão 트럭
까미냐웅

caminhão de bombeiros
까미냐웅 지 봄베이루스
소방차

carro 까후 차

bicicleta 비씨끌레따 자전거

ônibus escolar 오니부스 에스꼴라르 스쿨버스

motocicleta 모또씨끌레따 오토바이

helicóptero 엘리꼽떼루 헬리콥터

trem-bala 뜨렝 발라 고속열차

navio 나비우 배, 선박

ponto de ônibus 뽄뚜 지 오니부스 버스 정류장

estação rodoviária 고속버스 터미널
에스따싸웅 호도비아리아

aeroporto 아에로뽀르뚜 공항

aluguel de carros 알루게우 지 까후스 렌터카

ônibus turístico 오니부스 뚜리스치꾸 관광버스

cruzeiro 끄루제이루 유람선

〈방향 전치사〉

em cima 엥 씨마 위에

embaixo 엠바이슈 아래

dentro 덴뜨루 안에

fora 포라 밖에

frente 프렌치 앞에

atrás 아뜨라스 뒤에

norte 노르치 북

sul 쑤 남

leste 레스치 동

oeste 오에스치 서

ao lado de 아우 라두 지 ～의 옆에

no meio de 누 메이우 지 ～의 가운데에

no fim de 누 핑 지 ～의 끝에

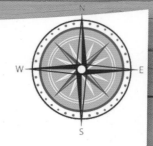

음악

● 포르투갈 파두(Fado)

파두(Fado)는 19세기 초에 리스본에서 탄생한 포르투갈의 대중가요입니다. 주로 바다를 향한 그리움을 애절한 가사와 선율로 표현한 음악으로, 파두의 근간에는 그리움, 향수, 갈망을 의미하는 '싸우다드(Saudade)'가 자리잡고 있습니다. 보통 남자 또는 여자 솔로가수가 부르며 포르투갈 기타와 어쿠스틱 기타 반주가 함께 합니다. 리스본 구시가 곳곳에 식사를 하며 파두 공연을 볼 수 있는 '파두하우스(Casas de Fado)'가 있습니다. 유명 파두 가수로는 아말리아 로드리게스(Amália Rodrigues), 마리자(Mariza), 아나 모우라(Ana Moura) 등이 있습니다.

● 브라질 보사노바(Bossa nova)

'이빠네마의 소녀(Garota de Ipanema)'라는 곡을 들어보셨나요? 전 세계적으로 큰 인기를 누린 브라질 음악입니다. 1962년 비니시우스 지 모라이스(Vinícius de Moraes)와 안또니우 까를루스 똥 조빙(Antônio Carlos "Tom" Jobim)이 이빠네마(Ipanema) 해변의 한 아름다운 소녀를 보고 영감을 받아 만들게 된 곡입니다.

[주앙 지르베르뚜]

포르투갈어로 '보싸노바(Bossa nova)'는 '새로운 트렌드'를 뜻하는데요, 삼바에 모던재즈가 가미되어 발달한 새로운 음악장르로 1950년대 말 히우(Rio)에서 탄생했습니다. 미국의 색소폰 연주자 스탄 게츠(Stan Getz)와 유명 보사노바 가수 주앙 지르베르뚜(João Gilberto)와 그의 아내 아스트루드 지우베르투(Astrud Gilberto)가 함께 작업한 앨범에 보사노바 명곡들이 수록되어 있습니다.

기본회화

Hyein: **O que você está olhando?**
우 끼 보쎄 에스따 올랸두

Bruno: **Estou olhando as pessoas.**
에스또우 올랸두 아스 뻬쏘아스

Hyein: **O que eles estão fazendo?**
우 끼 엘리스 에스따웅 파젠두

Bruno: **Eles estão dançando no parque.**
엘리스 에스따웅 단싼두 누 빠르끼

Hyein: **Eles dançam muito bem. Acho que estão se preparando**
엘리스 단쌍 무이뚜 벵 아슈 끼 에스따웅 씨 쁘레빠란두

para um concurso de dança.
빠라 웅 꽁꾸르쑤 지 단싸

Bruno: **Está chovendo, mas continuam dançando.**
이스따 쇼벤두 마쓰 꼰치누앙 단싼두

Hyein: **Eles têm grande paixão.**
엘리스 뗑 그란지 빠이샤웅

해석

혜인: 넌 무엇을 보고 있는 중이니?

브루누: 나는 사람들을 구경하는 중이야.

혜인: 그들은 무엇을 하고 있는 중이니?

브루누: 공원에서 춤을 추고 있는 중이야.

혜인: 춤을 아주 잘 추는구나. 내 생각에 댄스 경연대회를 준비하고 있는 것 같아.

브루누: 비가 오는 중이지만 계속 춤을 추고 있어.

혜인: 열정이 대단하구나.

기본회화 해설

1. O que você está olhando? 넌 무엇을 보고 있는 중이니?

olhar(보다) 동사의 현재진행형 문장입니다. 즉 '~을 하는 중이다'라는 표현을 할 때는 'estar+현재분사' 구문을 써주면 됩니다. 그렇다면 현재분사는 어떻게 만들까요?

규칙형
falar 팔라르 → falando 팔란두 말하다
comer 꼬메르 → comendo 꼬멘두 먹다
ouvir 오우비르 → ouvindo 오우빈두 듣다

현재분사는 동사원형의 어미 -ar 대신 ando, -er 대신 endo, -ir 대신 indo를 붙여서 만듭니다.

Maria saiu *chorando* da sala. (chorar) 마리아 싸이우 쇼란두 다 쌀라 마리아는 교실에서 울면서 나갔다.

Ainda está *chovendo*. (chover) 아인다 에스따 쇼벤두 아직 비가 오고 있다.

Os ladrões estão *fugindo*. (fugir) 우스 라드로잉스 에스따웅 푸진두 도둑들은 도망가고 있다.

2. Está chovendo, mas continuam dançando.

비가 오는 중이지만 계속 춤을 추고 있어.

mas는 '그러나, 그렇지만'을 뜻하는 접속사입니다. mas와 비슷한 뜻의 다른 접속사도 알아보겠습니다.

- **porém** 뽀렝

  Tentei chegar cedo, *porém* não consegui. 일찍 도착하려고 했지만 그러지 못했다.
  뗀떼이 셰가르 쎄두 뽀렝 나웅 꼰쎄기

- **contudo** 꼰뚜두

  Quero viajar, *contudo*, tenho que estudar. 여행하고 싶지만 공부해야 한다.
  께루 비아쟈르 꼰뚜두 떼뉴 끼 에스뚜다르

 새로 나온 단어

que 끼 무엇	**se** 씨 재귀대명사 3인칭(16과 참고)
olhando 올란두 olhar(바라보다)의 현재분사	**preparando** 쁘레빠란두 preparar(준비하다)의 현재분사
pessoa 뻬쏘아 사람	**concurso** 꽁꾸르쑤 경연대회
fazendo 파젠두 fazer(하다)의 현재분사	**dança** 단싸 댄스
dançando 단싼두 dançar(춤추다)의 현재분사	**continuam** 꼰치누앙 continuar(지속하다)의 3인칭 복수
parque 빠르끼 공원	**paixão** 빠이샤웅 열정
muito 무이뚜 많이	**ainda** 아인다 아직

Hyein: **Estou morrendo de fome.**
에스또우 모헨두 지 포미

Bruno: **O que você quer comer?**
우 끼 보쎄 께르 꼬메르

Hyein: **Estou com vontade de comer pizza. E você?**
에스또우 꽁 본따지 지 꼬메르 삣싸 이 보쎄

Bruno: **Eu estou com vontade de comer sushi.**
에우 에스또우 꽁 본따지 지 꼬메르 수시

Hyein: **Ok. Para mim, tanto faz.**
오께이 빠라 밍 딴뚜 파쓰

Bruno: **Ótimo! Vamos então?**
오치무 바무스 인따웅

혜인: 배고파 죽을 것 같아.
브루누: 뭐 먹을래?
혜인: 난 피자가 먹고 싶은데. 넌?
브루누: 나는 스시가 먹고 싶어.
혜인: 그래. 난 상관 없어.
브루누: 좋아! 그럼 가 볼까?

3. Estou morrendo de fome. 배고파 죽을 것 같아.

morrendo는 morrer(죽다)의 현재분사형입니다. 'morrendo+de+명사'는 '~때문에 죽어간다'라는 뜻입니다. fome(배고픔)과 합쳐져 '배고파 죽겠다'로 해석할 수 있겠지요.

> estar morrendo de+frio: 추워서 죽을 것 같다.
> 에스따르 모헨두 지   프리우
> estar morrendo de+calor: 더워서 죽을 것 같다.
> 에스따르 모헨두 지   깔로르

4. Estou com vontade de comer pizza. 난 피자가 먹고 싶다.

vontade는 '의지, 의욕'을 뜻하는데, 'vontade+de+동사원형'은 '~할 의지가 있다, ~하고 싶다'라는 뜻입니다.

Estou com *vontade de* dormir agora. 에스또우 꽁 본따지 지 두르미르 아고라 나는 지금 자고 싶다.

5. Para mim, tanto faz. 난 상관 없어.

tanto faz는 '마찬가지다, 상관 없다'를 의미하는 표현입니다. 한편, tanto는 양과 수를 비교하는 부정어입니다. 형용사로도 쓰이고 부사로도 쓰이는데, 다음 예문을 통해 알아보겠습니다.

Por que os gatos dormem *tanto*? 고양이들은 왜 그렇게 많이 잘까요? 〈'그만큼, 그 정도로'를 뜻하
뽀르 께 우스 가뚜스 도르멩 딴뚜   는 부사〉

Por que há *tantas* pessoas infelizes? 불행한 사람들이 왜 그렇게 많을까요? 〈수를 가리키는 형용사〉
뽀르 께 아 딴따스 뻬쏘아스 인펠리제스

tanto가 형용사로 쓰일 때는 성, 수 일치를 해줍니다.

 **새로 나온 단어**

fome 포미 배고픔	**pizza** 삣싸 피자
quer 께르 querer(원하다)의 3인칭 단수	**sushi** 수시 초밥
comer 꼬메르 먹다	**ótimo** 오치무 좋은
vontade 본따지 의지	**então** 인따웅 그럼

O que você está fazendo?
우 끼 보쎄   에스따 파젠두

뭐 하고 있니?

Estou tomando café com leite.
에스또우 또만두   까페 꽁 레이치

나는 커피우유를 마시고 있다.

Estou ouvindo música.
에스또우 오우빈두   무지까

나는 음악을 듣고 있다.

'우리'를 뜻하는 'a gente'는 동사를 3인칭 단수형태로 변화시켜 줍니다.

A gente está falando com um robô.
아 젠치   에스따 팔란두   꽁 웅 호보

우리는 로봇과 얘기하고 있다.

sobre는 '〜대하여, 〜관하여'라는 뜻을 가지고 있는 전치사입니다.

Estou lendo agora um livro sobre gestão e liderança.
에스또우 렌두   아고라 웅 리브루 쏘브리 제스따웅 이 리데랑싸

나는 지금 경영 리더십에 대한 책을 읽고 있다.

Camila está com vontade de namorar.
까밀라 에스따 꽁 본따지 지 나모라르

까밀라는 연애하고 싶어 한다.

Neymar está com muita vontade de ganhar nos jogos.
네이마르 에스따 꽁 무이따 본따지 지 가냐르 누스 조구스

네이마르는 경기에서 우승할 의지가 강하다.

saudade는 '그리움, 향수'를 뜻하는 명사인데 복수로 saudades라고 써도 무관합니다.

Ela está com saudade de você.
엘라 에스따 꽁   싸우다지 지 보쎄

그녀는 당신을 보고 싶어 한다.

saudade는 ter(〜있다)와 sentir(느끼다) 동사와도 함께 쓸 수 있습니다.

Sinto muita saudade da família.
씬뚜 무이따 싸우다지 다 파밀리아

가족이 몹시 보고 싶다.

Estamos assistindo ao jogo, comendo churrasco e bebendo cerveja.
에스따무스 아씨스친두 아우 조구 꼬멘두   슈하스꾸 이 베벤두   쎄르베자

우리는 바비큐를 먹고 맥주를 마시며 경기를 보고 있다.

Meus pais estão jantando no restaurante.
메우스 빠이스 에스따웅 쟌딴두   누 헤스따우란치

우리 부모님은 식당에서 저녁을 드시고 계신다.

Estou morrendo de medo.
에스또우 모헨두   지 메두

나는 무서워 죽겠다.

Eu estou morrendo de sede.
에우 에스또우 모헨두   지 쎄지

나는 목이 말라 죽겠다.

tanto가 형용사로 쓰일 때는 명사의 성, 수와 일치시켜 줍니다.

As mães têm tantas responsabilidades.
아스 마잉스 뗑   딴따스   헤스쁜싸빌리다지스

어머니들은 해야 할 일이 매우 많다.

assim은 '그렇게, 이렇게'를 뜻하는 부사입니다.

Temos que sofrer tanto assim?
떼무스   끼   쏘페레르 딴뚜   아씽

우리가 그 정도로 괴로워해야 하나요?

Tip

preguiça(게으름)는 saudade(그리움)와 마찬가지로 ter 동사나 'estar+com'으로 표현할 수 있습니다.

Tenho tanta preguiça!
떼뉴   딴따   쁘레기싸

정말 귀찮다!

주요표현 단어

leite 레이치 우유

música 무지까 음악

robô 호보 로봇

gestão 제스따웅 경영, 관리

liderança 리데랑싸 리더십

namorar 나모라르 연애하다

ganhar 가냐르 이기다

jogo 죠구 경기

família 파밀리아 가족

churrasco 슈하스꾸 바비큐

cerveja 쎄르베쟈 맥주

jantando 쟌딴두 jantar(저녁 먹다)의 현재분사

restaurante 헤스따우란치 식당

sede 쎄지 목마름, 갈증

responsabilidade 헤스쁜싸빌리다지 책임

sofrer 쏘프레르 고통받다

preguiça 쁘레기싸 게으름

지시대명사

	성	단수	복수
이것	남성	este 에스치	estes 에스치스
	여성	esta 에스따	estas 에스따스
	중성	isto 이스뚜	×
그것	남성	esse 에씨	esses 에씨스
	여성	essa 에싸	essas 에싸스
	중성	isso 이쑤	×
저것	남성	aquele 아껠리	aqueles 아껠리스
	여성	aquela 아껠라	aquelas 아껠라스
	중성	aquilo 아낄루	×

• 지시대명사는 가리키는 명사의 성, 수에 일치해야 합니다.

Esta menina é linda. 에스따 메니나 에 린다 이 소녀는 예쁘다.

Estes pratos são especiais. 에스치스 빠라뚜스 싸웅 에스뻬씨아이스 이 요리들은 특별하다.

Esses livros são novos. 에씨스 리브루스 싸웅 노부스 그 책들은 새 것이다.

Essa mulher tem 40 anos. 에싸 물례르 뗑 꽈렌따 아누스 그 여성은 40살이다.

Quem é **aquele** homem? 껭 에 아껠리 오멩 저 남성은 누구입니까?

Aquelas casas são grandes. 아껠라스 까자스 싸웅 그란지스 저 집들은 크다.

• 지시대명사의 중성형은 복수형태가 없으며 말하는 사람이 잘 알지 못하는 것이나 의견을 나타 낼 때 쓰입니다.

O que é **isso**? 우 끼 에 이쑤 그것은 무엇입니까?

Isto é bom. 이스뚜 에 봉 이것은 좋다.

Aquilo é livro. 아낄루 에 리브루 저것은 책입니다.

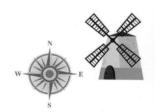

연습문제

1. 괄호 안의 동사를 활용해서 올바른 형태로 변화시키세요.

1) Os cães estão (correr).

2) O que você está (fazer)?

3) Estamos (jogar) cartas.

4) Estou (falar) com minha mãe.

note

• cão 개

• correr 뛰다

• fazer 하다

• jogar 놀다

• carta 카드

• falar 말하다

• mãe 엄마

2. 다음 문장을 포르투갈어로 작문하세요.

1) 나는 하루 종일 음악을 듣고 있다.

2) 그녀는 공원에서 춤을 추고 있다.

3) 청년들은 축구를 하고 있다.

4) 내 친구들은 커피를 마시고 있는 중이다.

• ouvir 듣다

• música 음악

• dançar 춤추다

• parque 공원

• jogar ～하다

• futebol 축구

• tomar 마시다

• café 커피

3. 괄호 안에 알맞은 지시대명사를 넣으세요.

1) Quero comprar (   ) flores. 나는 저 꽃들을 사고 싶다.

2) Onde você comprou (   ) bolsa? 이 가방은 어디서 샀니?

3) (   ) vinhos são muito caros. 그 와인 매우 비싸다.

4) (   ) presente é para João. 그 선물은 주앙을 위한 것이다.

5) O que é (   )? 저것은 무엇이니?

• flor 꽃

• bolsa 가방

• vinho 와인

• presente 선물

정답

1. 1) correndo   2) fazendo   3) jogando   4) falando   2. 1) Estou ouvindo música o dia inteiro.   2) Ela está dançando no parque.   3) Os jovens estão jogando futebol.   4) Minhas amigas estão tomando café.   3. 1) aquelas   2) esta   3) esses   4) esse   5) aquilo

▶ **가족 · 친척**

pai 아버지
빠이

mãe 어머니
마이

irmão mais velho
이르마웅 마이스 벨류
형, 오빠

irmã mais velha
이르마 마이스 벨랴
누나, 언니

irmão mais novo
이르마웅 마이스 노부
남동생

irmã mais nova
이르마 마이스 노바
여동생

avô 할아버지
아보

avó 할머니
아보

família 파밀리아 가족

pais 빠이스 부모님

parente 빠렌치 친척

esposa 에스뽀자 아내

esposo 에스뽀주 남편

marido 마리두 남편

filho 필류 아들

filha 필랴 딸

tio 치우 삼촌, 큰아버지

tia 치아 이모, 숙모

irmãos 이르마웅스 형제

irmãs 이르망스 자매

filhos 필류스 자녀

vizinho/vizinha 비지뉴/비지냐 이웃

primo/prima 쁘리무/쁘리마 사촌

sobrinho/sobrinha 쏘브리뉴/쏘브리냐 조카

genro 젱후 사위

nora 노라 며느리

sogro 쏘그루 시아버지, 장인

sogra 쏘그라 시어머니, 장모

cunhado 꾸냐두 처남, 매부, 시동생, 형부

cunhada 꾸냐다 시누이, 올케, 처형, 처제

neto 네뚜 손자

neta 네따 손녀

viúva 비우바 과부

viúvo 비우보 홀아비

padrinho 빠드리뉴 대부

madrinha 마드리냐 대모

브라질 커피(Café do Brasil)

포르투갈어로 아침식사는 '모닝커피'라는 뜻의 '카페 다 마냐(café da manhã)'라고 합니다. 브라질을 여행하며 즐거웠던 점 중 하나는 바로 '카페 다 마냐'마다 라떼인 '카페 꽁 레이치

(café com leite)'와 브라질 치즈빵 '빵 지 께이쥬(pão de queijo)'를 먹는 것이었습니다. 진한 라떼와 쫀득하며 짭조름한 치즈빵은 환상의 궁합이었습니다. 대부분의 브라질 사람들이 커피를 즐기며, 작은 잔에 담긴 커피 '카페지뉴(cafezinho)'를 마시는 사람들을 일상 속에서 흔히 볼 수 있습니다.

브라질은 커피를 가장 많이 생산하고 수출하는 국가로 알려져 있습니다. 연간 259만 톤의 생산량으로 전 세계 커피 생산의 3분의 1을 차지합니다.

브라질에 처음 커피를 유입한 사람은 프란시스꾸 지 멜루 빨레따(Francisco de Melo Palheta)로 알려져 있습니다. 육군 대위였던 그는 빠라(Pará)주에 커피 종자를 들여오기 위해 프랑스 식민지였던 기아나(Guiana)의 총독 부인을 유혹했다고 합니다. 그녀에게서 아라비카 종 커피나무 가지를 얻어 비밀리에 브라질로 유입했다고 합니다.

현재 브라질 커피의 절반 이상은 미나스 제라이스(Minas Gerais)주에서 생산되며 쌍 빠울루(São Paulo), 에스뻬리뚜 싼뚜(Espírito Santo)주도 주요 커피 생산지입니다. 주 재배 품종은 아라비카 종입니다.

13

Ela estuda mais do que eu.

그녀는 나보다 공부를 더 많이 해.

 기본회화

Sungwon: **Quem é a sua melhor amiga da sala de aula?**
껭　　에 아 쑤아　멜료르　　아미가　다 쌀라 지 아울라

Silvia: **É Janaina.**
에 자나이나

Sungwon: **Como é ela?**
꼬무　　에 엘라

Silvia: **Ela tem olhos verdes e é mais alta que eu.**
엘라 뗑　올류스　베르지스　이 에 마이스　아우따 끼　에우

E sempre recebe boas notas.
이 쎙쁘리　　헤세비　　보아스　노따스

Sungwon: **Ah, é?**
아　에

Silvia: **Sim, ela estuda mais do que eu.**
씽　　엘라 에스뚜다 마이스 두 끼 에우

성원:　반에서 너와 가장 친한 친구가 누구니?
실비아: 자나이나야.
성원:　그녀는 어떤 사람이니?
실비아: 그녀는 초록색 눈을 가지고 있고 나보다 키가 커.
　　　그리고 항상 좋은 성적을 받아.
성원:　그래?
실비아: 응, 그녀는 나보다 공부를 더 많이 해.

기본회화 해설

1. Quem é a sua melhor amiga da sala de aula? 반에서 너와 가장 친한 친구가 누구니?

몇 가지 비교급과 최상급에 대해 알아보겠습니다.

원급	비교급	최상급
bom 좋은	melhor	o melhor
mau 나쁜	pior	o pior

Você tem *boas* notas. 보쎄 뗑 보아스 노따스 당신은 좋은 성적을 가지고 있다.

Sua nota é *melhor* do que a minha. 쑤아 노따 에 멜료르 두 끼 아 미냐 당신의 성적은 내 것보다 좋다.

Este é *a pior* comida do mundo. 이 음식은 세상에서 가장 맛없는 음식이다(최악이다).
에스치 에 아 삐오르 꼬미다 두 문두

2. É mais alta que eu. 나보다 키가 크다.

'mais+형용사+que/do que'를 쓰면 '~보다 더 ~하다'라는 뜻이 됩니다. mais 대신 menos를 쓰면 '~보다 덜하다'라는 뜻이 됩니다. 아래 예시를 한번 볼까요?

Busan é *mais* lindo *que/do que* Seul. 부산 에 마이스 린두 끼/두 끼 쎄우 부산은 서울보다 아름답다.

Meu irmão é *mais* baixo *que/do que* eu. 내 동생은 나보다 키가 작다.
메우 이르마웅 에 마이스 바이슈 끼/두 끼 에우

3. Ela estuda mais do que eu. 그녀는 나보다 공부를 더 많이 한다.

위 문장과 같이 '동사+mais/menos+que/do que'를 써서 양적인 비교를 할 수 있습니다. 질적인 비교를 할 때는 'melhor/pior+que/do que'를 씁니다.

Ele come *mais que* eu. 엘리 꼬미 마이스 끼 에우 그는 나보다 더 많이 먹는다.

Ela dorme *menos que* eu. 엘라 도르미 메누스 끼 에우 그녀는 나보다 덜 잔다.

Este remédio tem *melhor* efeito *que* essa. 이 약은 그 약보다 더 나은 효과가 있다.
에스치 헤메지우 뗑 멜료르 에페이뚜 끼 에싸

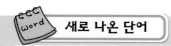 새로 나온 단어

melhor 멜료르 최고의, 가장 좋은
amigo 아미구 친구
sala de aula 쌀라 지 아울라 교실
olho 올류 눈
verde 베르지 녹색의

mais 마이스 더
sempre 쎔쁘리 항상
recebe 헤쎄비 receber(받다)의 3인칭 단수형
nota 노따 점수
estuda 에스뚜다 estudar(공부하다)의 3인칭 단수형

Silvia: **Minha irmã mais nova é superior a mim em todos os**
미냐　　이르망　마이스　노바　에 쑤뻬리오르　아 밍　엥　또두스 우스

aspectos. Ela é mais bonita e inteligente que eu.
아스뻭뚜스　　엘라　에 마이스　보니따　이 인뗄리젠치　　끼　에우

Sungwon: **Não, você não é inferior a sua irmã.**
나웅　보쎄　나웅　에 인페리오르　아 쑤아　이르망

Você é tão bonita e inteligente quanto ela.
보쎄　에 따웅 보니따　이 인뗄리젠치　　꽌뚜　　엘라

Silvia: **Sério?**
쎄리우

Sungwon: **Sim, claro!**
씽　끌라루

Para mim, você é a mulher mais linda do mundo.
빠라　밍　보쎄　에 아 물례르　마이스 린다　두 문두

해석

실비아: 내 여동생은 모든 면에서 나보다 뛰어나.
　　　　그녀는 나보다 예쁘고 똑똑해.
성원: 그렇지 않아, 너는 네 동생보다 못나지 않았어.
　　　너는 그녀만큼 예쁘고 똑똑해.
실비아: 정말?
성원: 그럼, 당연하지!
　　　나한테는 네가 세상에서 가장 아름다운 여자야.

4. Minha irmã mais nova é superior a mim em todos os aspectos.

내 여동생은 모든 면에서 나보다 뛰어나.

연령 비교를 할 때에는 주로 '더 어린'을 뜻하는 'mais novo/mais nova'와 '더 나이가 많은'을 뜻하는 'mais velho/mais velha'를 사용합니다.

Meu irmão *mais velho* tem 37 anos. 나의 형은 37살입니다.
메우 이르마웅 마이스 벨류 뗑 뜨린따 이 쎄치 아누스

superior와 inferior는 전치사 a와 함께 우등, 열등을 나타냅니다.

Nossos produtos são *superiores* aos outros. 우리의 제품은 다른 제품보다 뛰어나다.
노쑤스 쁘로두뚜스 싸웅 쑤뻬리오리스 아우스 오우뜨루스

5. Você é tão bonita e inteligente quanto ela. 너는 그녀만큼 예쁘고 똑똑해.

'tão+형용사+quanto'는 동등 비교급 구문으로 '~만큼 ~하다'라는 뜻입니다.

Marcos é *tão* estudioso *quanto* Siwoo. 마르꾸스는 시우만큼 공부를 열심히 한다.
마르꾸스 에 따웅 에스뚜지오쑤 꽌뚜 시우

'tanto+명사+quanto' 역시 동등 비교급 구문입니다.

Você tem *tantos* livros *quanto* o professor. 너는 선생님만큼 책이 많다.
보쎄 뗑 딴뚜스 리브루스 꽌뚜 우 쁘로페쏘르

6. Para mim, você é a mulher mais linda do mundo.

나한테는 네가 세상에서 가장 아름다운 여자야.

'정관사+mais/menos+형용사+de' 구문은 우등, 열등, 최상급을 나타냅니다.

Ela é *a mais* famosa *da* Coreia. 그녀는 한국에서 가장 유명한 사람이다.
엘라 에 아 마이스 파모싸 다 꼬레이아

Ele é *o mais* lindo *de* todos. 엘리 에 우 마이스 린두 지 또두스 그는 모든 사람 중에 가장 잘생겼다.

 **새로 나온 단어**

irmã 이르망 언니, 누나, 동생
mais novo/mais nova 마이스 노부/마이스 노바 ~보다 어린
superior 수뻬리오르 ~보다 뛰어난
aspecto 아스뻭뚜 측면

inteligente 인뗄리젠치 똑똑한
inferior 인페리오르 ~보다 못한
sério 쎄리우 진심으로
mulher 물레르 여자
mundo 문두 세상

Ele é mais alto que eu.

엘리 에 마이스 아우뚜 끼 에우

그는 나보다 키가 크다.

Eu sou mais bonito que você.

에우 쏘우 마이스 보니뚜 끼 보쎄

나는 너보다 더 잘생겼다.

Você tem mais livros do que ela.

보쎄 뗑 마이스 리브루스 두 끼 엘라

너는 그녀보다 책을 더 많이 가지고 있다.

Eu sou mais nova que Maria.

에우 쏘우 마이스 노바 끼 마리아

나는 마리아보다 더 어리다.

크기를 나타낼 때는 비교급 maior(큰, 넓은)와 menor(작은, 적은)를 씁니다.

O seu quarto é maior do que o meu.

우 쎄우 꽈르뚜 에 마이오르 두 끼 우 메우

너의 방은 내 것보다 더 크다.

A pena foi menor que oito anos.

아 뻬나 포이 메노르 끼 오이뚜 아누스

형벌은 8년 미만이었다.

Eu tenho menos experiência do que o professor.

이우 떼뉴 메누스 에스뻬리엔씨아 두 끼 우 쁘로페쏘르

나는 선생님보다 경험이 적다.

Meu namorado come menos que eu.

메우 나모라두 꼬미 메누스 끼 에우

내 남자친구는 나보다 덜 먹는다.

동등비교: tão+형용사+quanto

Minha namorada come tão rápido quanto eu.

미냐 나모라다 꼬미 따웅 하삐두 꽌뚜 에우

내 여자친구는 나만큼 빨리 먹는다.

Carlos é tão jovem quanto Pedro.

까를루스 에 따웅 조벵 꽌뚜 뻬드루

까를루스는 페드루만큼 젊다.

Tip

동등비교 'tanto+명사+quanto'에서 tanto는 명사에 성, 수를 일치시켜 줍니다.

Tip

동등비교 '동사+tanto quanto' 형태입니다. 여기서 tanto는 성, 수 변화를 하지 않습니다.

Tip

'~하면 할수록 ~하다'라는 표현입니다.

Tip

faça는 fazer(하다)의 접속법 3인칭 단수입니다.

Tip

sentir-se는 '(스스로) 느끼다'를 뜻하는 재귀동사이며, sinta는 sentir(느끼다)의 접속법 3인칭 단수입니다.

Ela não tem tantas roupas quanto você.
엘라 나웅 뗑 딴따스 호우빠스 꽌뚜 보쎄

그녀는 너만큼 많은 옷을 가지고 있지 않다.

Maria estuda tanto quanto Marta.
마리아 에스뚜다 딴뚜 꽌뚜 마르따

마리아는 마르따만큼 공부를 한다.

Madonna é a melhor de todas.
마도나 에 아 멜료르 지 또다스

마돈나는 모든 사람들 중에 가장 뛰어나다(최고다).

Ele é o melhor jogador da história do futebol.
엘리 에 우 멜료르 죠가도르 다 이스또리아 두 푸치보우

그는 축구 역사상 가장 뛰어난 선수이다.

Quanto antes, melhor.
꽌뚜 안치스 멜료르

빠르면 빠를수록 좋다.

Faça as tarefas quanto antes.
파싸 아스 따레파스 꽌뚜 안치스

되도록 빨리 숙제를 하거라.

Não se sinta inferior aos outros.
나웅 씨 씬따 인페리오르 아우스 오우뜨루스

타인에 대해 열등감을 느끼지 말아라.

주요표현 단어

bonito 보니뚜 잘생긴	**roupa** 호우빠 옷
quarto 꽈르뚜 방	**jogador** 죠가도르 운동선수
pena 뻬나 형벌	**futebol** 푸치보우 축구
experiência 에스뻬리엔씨아 경험	**tarefa** 따레파 숙제
namorado 나모라두 남자친구	**inferior** 인페리오르 열등감
namorada 나모라다 여자친구	**outro** 오우뜨루 다른 것, 다른 사람

문법이야기

비교급과 최상급

1. 우등/열등 비교급

'mais/menos+형용사+que/do que'

A comida coreana é **mais** gostosa **(do) que** a comida chinesa.
아 꼬미다 꼬리아나 에 마이스 고스또자 두 끼 아 꼬미다 시네싸

한국 음식은 중국 음식보다 맛있다.

A cidade de Seul é **mais** rica **(do) que** a cidade de Daegu. 서울은 대구보다 잘 산다(부유하다).
아 씨다지 지 쎄우 에 마이스 히까 두 끼 아 씨다지 지 데구

Coreia é **menos** populosa **(do) que** Japão. 한국은 일본보다 인구가 적다.
꼬레이아 에 메누스 뽀뿔로싸 두 끼 자빠웅

2. 우등/열등 최상급

'정관사+mais/menos+형용사+de'

Seul é **a** cidade **mais** rica **da** Coreia do Sul. 서울은 한국에서 가장 부유한 도시다.
쎄우 에 아 씨다지 마이스 히까 다 꼬레이아 두 쑤

Santorini é **o** lugar **mais** bonito **do** mundo. 산토리니는 전 세계에서 가장 아름다운 곳이다.
싼또리니 에 우 루가르 마이스 보니뚜 두 문두

Bruno é **o melhor de** todos. 브루누 에 우 멜료르 지 또두스 브루노가 최고다.

3. 동등 비교급

'tão+형용사+quanto/como'

Ele é **tão** alto **quanto** o Miguel. 엘리 에 따웅 아우뚜 꽌뚜 우 미게우 그는 미겔만큼 키가 크다.

Este apartamento é **tão** grande **quanto** o seu. 이 아파트는 너의 것만큼 크다.
에스치 아빠르따멘뚜 에 따웅 그란지 꽌뚜 우 쎄우

'tanto+명사+quanto/como'

Tenho **tantos** problemas **quanto** você. 나는 너만큼 문제가 많다.
떼뉴 딴뚜스 쁘로블레마스 꽌뚜 보쎄

Eu leio **tantos** livros **quanto** o meu pai. 나는 아빠만큼 책을 많이 읽는다.
에우 레이우 딴뚜스 리브루스 꽌뚜 우 메우 빠이

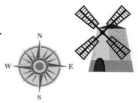

연습문제

1. 다음 문장에서 틀린 부분을 바르게 고치세요.

1) Seu carro é mais bom (do) que o meu.

2) Esta casa é pouco linda (do) que aquela.

3) Minha esposa ganha melhor dinheiro (do) que eu.

4) O meu prato é mais melhor gostoso (do) que o seu.

2. 다음의 비교급 문장을 포르투갈어로 작문하세요.

1) 크리치나는 나보다 나이가 많다.

2) 갤럭시는 아이폰만큼 비싸다.

3) 조아나는 나보다 공부를 많이 한다.

4) 파울루는 조나단보다 유명하다.

3. 다음의 최상급 문장을 포르투갈어로 작문하세요.

1) 넌 나의 가장 좋은 친구이다.

2) 브라질은 남미에서 가장 큰 나라다.

3) 이 음악은 역사상 가장 아름다운 노래이다.

4) 라이언 고슬링은 헐리우드에서 가장 섹시한 남자이다.

note

- pouco 조금
- esposa 아내
- ganhar 벌다
- dinheiro 돈
- prato 요리
- gostoso 맛있는

- velho 늙은, 낡은
- caro 비싸다
- famoso 유명한

- país 나라
- América do Sul 남미
- maior 더 큰
  (grande '크다'의 비교급)
- de todos os tempos
  역사상
- música 노래, 음악

정답

1. 1) Seu carro é melhor (do) que o meu. 2) Esta casa é menos linda (do) que aquela. 3) Minha esposa ganha mais dinheiro (do) que eu. 4) O meu prato é muito mais gostoso (do) que o seu. **2.** 1) Cristina é mais velha(do) que eu. 2) O Galaxy é tão caro quanto o Iphone. 3) Joana estuda mais (do) que eu. 4) Paulo é mais famoso (do) que Jonathan. **3.** 1) Você é o meu melhor amigo/a minha melhor amiga. 2) Brasil é o maior país da América do Sul. 3) Esta é a música mais linda de todos os tempos. 4) Ryan Gosling é o homem mais sexy de Hollywood.

주제별 단어

▶ 전기 · 전자제품

televisão 텔레비전
뗄레비자웅

computador 컴퓨터
꽁뿌따도르

ventilador 선풍기
벤칠라도르

geladeira 냉장고
젤라데이라

telefone 전화기
뗄레포니

ar condicionado 에어컨
아르 꼰지씨오나두

telemóvel 핸드폰
뗄레모베우

liquidificador 믹서기
리뀌지피까도르

vídeo 비지우 비디오

câmera digital 까메라 디지따우 디지털카메라

aparelho de som 아빠렐류 지 쏭 오디오

rádio 하지우 라디오

fone de ouvido 포니 지 오우비두 이어폰

microfone 미끄로포니 마이크

forno 포르누 오븐

fogão a gás 포가웅 아 가스 가스렌지

microondas 미끄로온다스 전자레인지

torradeira 또하데이라 토스터기

chaleira elétrica 샬레이라 일레뜨리까 전기포트

aspirador 아스삐라도르 진공청소기

lâmpada 람빠다 램프

aquecedor 아꼐쎄도르 난방기, 히터

controle remoto 꼰뜨롤리 헤모뚜 리모컨

máquina de lavar roupas 세탁기
마끼나 지 라바르 호우빠스

secador de cabelo 쎄까도르 지 까벨루 헤어드라이기

ferro elétrico 페후 일레뜨리꾸 전기다리미

barbeador elétrico 전기면도기
바르비아도르 일레뜨리꾸

impressora 임쁘레쏘라 인쇄기

escaneador 에스까네아도르 스캐너

alto-falante 아우뚜 팔란치 스피커

MP3 에미뻬뜨레이스 엠피쓰리

máquina de xeróx 마끼나 지 셰록스 복사기

fax 팍스 팩스

gravador 그라바도르 녹음기

notebook 노치부끼 노트북

smartphone 스마르치포니 스마트폰

브라질의 공휴일

브라질은 세계 최대 가톨릭 국가로 알려져 있으며 포르투갈도 인구의 약 90% 이상이 가톨릭교입니다. 그래서 두 국가 모두 가톨릭과 관련된 카니발, 부활절, 성금요일, 성탄절 등을 공휴일로 지정하였습니다.

그럼 브라질의 공휴일을 알아보겠습니다.

카니발(Carnaval)은 사순절(Quaresma)이 되기 전 즐기는 축제입니다. 부활절이 되기 전 40일간 금식하고 절제해야 하기 때문입니다. 특히 브라질에서는 카니발 축제 기간에 모두가 거리로 나와 춤추고 술을 마시며 함께 즐깁니다.

성주간(Semana Santa)은 예수의 마지막 일주일을 묵상하는 절기입니다. 예수가 십자가에 못 박혀 죽음을 맞은 수난일은 성금요일(Sexta-feira Santa)이라고 하며, 예수가 부활한 일요일에 부활절(Páscoa)을 기념합니다. 성탄절(Natal)과 함께 기독교의 최대 축일입니다.

포르투갈의 식민지였던 브라질은 1822년 9월 7일 독립을 선포했습니다. 브라질 독립(Independência do Brasil)은 포르투갈 왕 동 주앙 6세의 아들인 페드루 왕자가 독립을 선언한 후, 페드루 1세 황제로 즉위함으로써 이루어졌습니다.

Você viajou nas férias de verão?
여름휴가 때 여행을 갔니?

기본회화

Jihee: **Você viajou nas férias de verão?**
보쎄 비아죠우 나스 페리아스 지 베라웅

Paulo: **Sim, visitei a cidade de Nova York.**
씽 비지떼이 아 씨다지 지 노바 요르끼

Jihee: **Já foi para a Coreia do Sul?**
자 포이 빠라 아 꼬레이아 두 쑤

Paulo: **Ainda não.**
아인다 나웅

Mas estou planejando uma viagem para Japão e
마스 이스또우 쁠라네잔두 우마 비아젱 빠라 자빠웅 이

Coreia do Sul.
꼬레이아 두 쑤

Jihee: **Ah, que legal! Me liga quando estiver em Seul.**
아 끼 레가우 미 리가 꽌두 에스치베르 엥 쎄우

Paulo: **Claro!**
꼴라루

Ah, que legal! Me liga quando estiver em Seul.

Claro!

해석

지희: 여름휴가 때 여행을 갔니?
빠울루: 응, 뉴욕을 방문했어.
지희: 한국은 가 봤니?
빠울루: 아직 안 가 봤어.
하지만 일본이랑 한국을 여행할 계획이야.
지희: 아, 그거 좋네! 서울에 오면 전화해.
빠울루: 당연하지!

1. Você viajou nas férias de verão? 여름휴가 때 여행을 갔니?

viajar(여행하다) 동사는 규칙 동사입니다. 직설법 완전과거 형태를 살펴볼까요?

인칭	단수	복수
1인칭	viajei 베아제이	viajamos 비아쟈무스
2인칭	viajaste 비아쟈스치	viajasteis 비아쟈스떼이스
3인칭	viajou 비아죠우	viajaram 비아쟈랑

2. Já foi para a Coreia do Sul? 한국은 가 봤니?

자주 쓰이는 ir(가다)는 불규칙 동사입니다. 완전과거형은 다음과 같이 변합니다.

인칭	단수	복수
1인칭	fui 푸이	fomos 포무스
2인칭	foste 포스치	fosteis 포스떼이스
3인칭	foi 포이	foram 포랑

3. Me liga quando estiver em Seul. 서울에 오면 전화해.

'me liga'는 '내게 전화해'라는 뜻의 명령형 문장입니다. 너/당신(você)에 대한 명령이나 요구를 나타낼 때 접속법 3인칭 단수(ligue)를 사용하는데, 회화에서는 직설법 3인칭 단수(liga)를 사용한 문장도 많이 쓰이고 있습니다. 'estiver'는 estar(있다)의 접속법 미래형 3인칭 단수입니다. 'quando' 뒤에 접속법 미래형을 써서 '~할 때'를 표현할 수 있습니다.

> *quando* você puder 꽌두 보쎄 뿌데르 당신이 가능할 때
> *quando* você quiser 꽌두 보쎄 끼제르 당신이 원할 때

 새로 나온 단어

férias de verão 페리아스 지 베라웅 여름휴가	**já** 쟈 이미, 벌써
viajar 비아쟈르 여행하다	**ainda** 아인다 아직
visitar 비지따르 방문하다	**planejar** 쁠라네쟈르 계획하다
cidade 씨다지 도시	**viagem** 비아젱 여행
Nova York 노바 요르끼 뉴욕	**liga** 리가 ligar(전화하다)의 3인칭 단수형

Jihee: **Finalmente li até o final um livro em português.**
피나우멘치　리 아떼 우 피나우 웅　리브루 엥　뽀르뚜게스

Paulo: **Qual livro?**
꽈우　리브루

Jihee: **O livro chamado "O Meu Pé de Laranja Lima" de José**
우 리브루 샤마두　우 메우 뻬 지 라랑쟈　리마　지 주제

Mauro de Vasconcelos.
마우루　지　바스꼰셀루스

Paulo: **Adoro essa obra!**
아도루　에싸　오브라

O mês passado escrevi um ensaio sobre o autor.
우 메스 빠싸두　에스끄레비 웅 엔싸이우 쏘브리 우 아우또르

É um dos livros mais vendidos no Brasil.
에 웅　두스 리브루스 마이스 벤지두스　누 브라지우

Jihee: **Sim, eu também gostei bastante!**
씽　에우 땅벵　고스떼이 바스딴치

Vale a pena ler de novo.
발리　아 뻬나　레르 지 노부

애석

지희: 드디어 포르투갈어로 된 책을 끝까지 다 읽었어.

빠울루: 어떤 책?

지희: 조제 마우루 지 바스콘셀루스의 《나의 라임 오렌지 나무》라는 책이야.

빠울루: 그 작품 정말 좋아해!
　　　　지난 달에 그 작가에 대해 에세이를 썼어.
　　　　그 책은 브라질에서 가장 많이 팔린 책 중 하나야.

지희: 응, 나도 정말 좋았어!
　　　다시 읽을 만한 가치가 있어.

4. Finalmente li até o final um livro em português.

드디어 포르투갈어로 된 책을 끝까지 다 읽었어.

ler(읽다)는 불규칙 동사로 완전과거 형태의 동사변화는 다음과 같습니다.

li 리	lemos 레무스
leste 레스치	lestes 레스치스
leu 레우	leram 레랑

5. É um dos livros mais vendidos no Brasil.

그 책은 브라질에서 가장 많이 팔린 책 중 하나야.

vendido는 'vender(팔다)'의 과거분사입니다. 과거분사가 형용사로 쓰일 때는 수식하는 명사와 성, 수가 일치해야 합니다.

　　livro mais lido 리브루 마이스 리두 가장 많이 읽힌 책

　　autor conhecido 아우또르 꼬녜씨두 잘 알려진/유명한 작가

　　casas vendidas 까자스 벤지다스 팔린 집들

　　janela fechada 쟈녤라 페샤다 닫힌 창문

6. Vale a pena ler de novo. 다시 읽을 만한 가치가 있어.

vale a pena는 보통 동사원형과 쓰여 '~할 가치가 있다'라는 뜻을 나타냅니다.

　　Vale a pena esperar. 발리 아 뻬나 에스뻬라르 기다릴 만한 가치가 있어.

　　Vale a pena estudar português. 발리 아 뻬나 에스뚜다르 뽀르뚜게스 포르투갈어를 공부할 가치가 있어.

 새로 나온 단어

finalmente 피나우멘치 드디어	**autor** 아우또르 작가
até 아떼 ~까지	**escrevi** 에스끄레비 escrever(쓰다)의 완전과거
final 피나우 끝	**ensaio** 엔싸이우 에세이
ler 레르 읽다	**vendido** 벤지두 vender(팔다)의 과거분사
livro 리브루 책	**gostei** 고스떼이 gostar(좋아하다)의 완전과거
obra 오브라 작품	**de novo** 지 노부 다시

Viajei para França no ano passado.
비아제이 빠라 프란싸 누 아누 빠싸두
나는 작년에 프랑스로 여행을 갔다.

Tip

visitar(방문하다)의 완전과거형
은 다음과 같습니다.

1인칭	3인칭
visitei	visitou
visitamos	visitaram

Gabriela visitou Lisboa em 2015.
가브리엘라 비지또우 리스보아 엥 도이쓰 미우 이 낀지
가브리엘라는 2015년에 리스본을 방문했다.

Finalmente chegou o ônibus.
피나우멘치 셰고우 우 오니부스
드디어 버스가 도착했다.

Tip

1인칭	3인칭
cheguei	chegou
chegamos	chegaram

Eles chegaram muito cedo.
엘리스 셰가랑 무이뚜 쎄두
그들은 너무 일찍 도착했다.

Fui ontem no clube.
푸이 온뗑 누 끌루비
나는 어제 클럽에 갔다.

Ele foi embora.
엘리 포이 임보라
그는 떠났다.

Tip

ser(이다)의 완전과거형은 ir(가
다)와 동일합니다.

1인칭	3인칭
fui	foi
fomos	foram

Eu nunca fui perfeito, mas sempre fui verdadeiro.
에우 눈까 푸이 뻬르페이뚜 마스 쎙쁘리 푸이 베르다데이루
나는 완벽한 적은 없지만 항상 진실했다.

Nós fomos para o Japão nas férias.
노스 포무스 빠라 우 자빠웅 나스 페리아스
우리는 일본으로 휴가를 갔다.

Os 10 livros mais vendidos no mundo.
우스 데쓰 리브루스 마이스 벤지두스 누 문두
전 세계에서 가장 많이 팔리는 책 10권.

Paulo Coelho é o escritor brasileiro mais conhecido no mundo.
빠울루 꼬엘류 에 우 에스끄리또르 브라질레이루 마이스 꼬녜씨두 누 문두
파울로 코엘류는 전 세계적으로 가장 잘 알려진 브라질 작가이다.

Tip

1인칭	3인칭
vendi	vendeu
vendimos	venderam

Esse livro vendeu 40 milhões de exemplares.
에씨 리브루 벤데우 꽈렌따 밀료잉스 지 에젬쁠라리스

그 책은 4천만 부가 팔렸다.

Esse livro foi traduzido para 67 idiomas.
에씨 리브루 포이 뜨라두지두 빠라 쎄쎙따 이 쎄치 이지오마스

그 책은 67개 언어로 번역되었다.

Tip

1인칭	3인칭
fiz	fez
fizemos	fizeram

Eu fiz compras no supermercado ontem.
에우 피쓰 꼼쁘라스 누 쑤뻬르메르까두 온뗑

나는 어제 슈퍼마켓에서 쇼핑을 했다.

Ele não fez a barba hoje.
엘리 나웅 페쓰 아 바르바 오지

그는 오늘 면도를 하지 않았다.

Tip

'dar certo'는 '잘 되다'라는 표현입니다.

1인칭	3인칭
dei	deu
demos	deram

'graças a Deus'는 영어의 'thank God'을 의미합니다.

Deu tudo certo, graças a Deus.
데우 뚜두 세르뚜 그라싸스 아 데우스

다행히 모든 게 잘 풀렸다.

Não vale a pena falar dele.
나웅 발리 아 뻬나 팔라르 델리

그에 대해 이야기할 가치가 없다.

주요표현 단어

França 프란싸 프랑스
ano passado 아누 빠싸두 작년
Lisboa 리스보아 리스본
ônibus 오니부스 버스
cedo 쎄두 일찍이
perfeito 뻬르페이뚜 완벽한
sempre 쎙쁘리 항상
verdadeiro 베르다데이루 진실한, 정직한
Japão 자빠웅 일본
férias 페리아스 휴가

mundo 뭉두 세계
escritor 에스끄리또르 작가
milhão 밀랴웅 백만
exemplar 에젬쁠라르 부(部)
idioma 이지오마 언어, 어(語)
supermercado 쑤뻬르메르까두 슈퍼마켓
fazer a barba 파제르 아 바르바 면도하다
dar certo 다르 쎄르뚜 잘 되다
graça 그라싸 은혜, 은총
Deus 데우스 신(神), 하나님

문법이야기

완전과거와 불완전과거

　포르투갈어에는 과거시제가 완전과거와 불완전과거로 나뉘어져 있습니다. 완전과거는 '과거의 한정된 시점, 일회성'을 나타낼 때 쓰이며 불완전과거는 '과거의 습관, 한동안 지속된 상황, 회상' 등을 나타낼 때 사용합니다.

　어미가 -ar로 끝나는 규칙변화 동사 estudar의 완전과거와 불완전과거 동사변화와 예문을 함께 살펴보겠습니다.

● **완전과거**

인칭	단수	복수
1인칭	estudei 에스뚜데이	estudamos 에스뚜다무스
2인칭	estudaste 에스뚜다스치	estudastes 에스뚜다스치스
3인칭	estudou 에스뚜도우	estudaram 에스뚜다랑

● **불완전과거**

인칭	단수	복수
1인칭	estudava 에스뚜다바	estudávamos 에스뚜다바무스
2인칭	estudavas 에스뚜다바스	estudáveis 에스뚜다베이스
3인칭	estudava 에스뚜다바	estudavam 에스뚜다방

Você **estudou** para a prova de hoje? 오늘 시험을 위해 공부했니?
보쎄 에스뚜도우 빠라 아 쁘로바 지 오지

Quando estava no ensino médio, **estudava** 10 horas por dia.
꽌두 에스따바 누 엔씨누 메지우 에스뚜다바 데쓰 오라스 뽀르 지아
내가 고등학교 다닐 때, 하루에 10시간씩 공부했다.

Visitei o Vaticano em 1996. 나는 1996년에 바티칸을 방문했다.
비지떼이 우 바치까누 엥 미우 노베쎈뚜스 노벤따 이 쎄이스

Quando **visitava** os seus pais, Arthur dormia na sala.
꽌두 비지따바 우스 쎄우스 빠이스 아르뚜르 도르미아 나 쌀라
부모님 집에 갈 때면 아르뚜르는 거실에서 잤다.
(부모님 집에 갈 때면 아르뚜르는 거실에서 자곤 했다.)

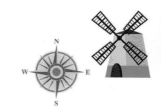

연습문제

1. 괄호 안의 동사를 활용해 완전과거 형태를 만드세요.

1) (assistir) à TV hoje de manhã.
나는 오늘 아침에 TV를 봤다.

2) Ontem (beber) duas latas de cerveja.
나는 어제 맥주 두 캔을 마셨다.

3) Você (ir) ao cinema ontem?
너 어제 영화관에 갔니?

4) Ela ainda não (comprar) o presente de natal.
그녀는 아직 크리스마스 선물을 사지 않았다.

2. falar(말하다) 규칙 동사를 완전과거와 불완전과거 형태로 변화시켜 주세요.

3. 다음을 포르투갈어로 작문하세요.

1) 마리아는 아직 도착하지 않았다.

2) 나는 오늘 남편을 위해 요리했다.

3) 그는 창문을 열었다.

4) 나는 집에 늦게 도착했다.

note

- assistir 시청하다

1인칭	3인칭
assisti	assistiu
assistimos	assistiram

- beber 마시다

1인칭	3인칭
bebi	bebeu
bebimos	beberam

- comprar 사다

1인칭	3인칭
comprei	comprou
compramos	compraram

- marido 남편
- janela 창문
- cozinhar 요리하다

1인칭	3인칭
cozinhei	cozinhou
cozinhamos	cozinharam

- abrir 열다

1인칭	3인칭
abri	abriu
abrimos	abriram

정답

1. 1) assisti   2) bebi   3) foi   4) comprou   2. falei / falaste / falou / falamos / falastes / falaram falava / falavas / falava / falávamos / faláveis / falavam   3. 1) A Maria ainda não chegou.   2) Eu cozinhei hoje para meu marido.   3) Ele abriu a janela.   4) Cheguei tarde a casa.

▶ 감정을 나타내는 단어

feliz 행복한
펠리쓰

surpreendente 놀라운
쑤르쁘렌덴치

divertido 즐거운
지베르치두

bravo/brava 화난
브라부/브라바

triste 슬픈
뜨리스치

orgulhoso/orgulhosa
오르굴료주/오르굴료자
자랑스러운

decepcionado 데쎕씨오나두
decepcionada 데쎕씨오나다
실망한

contente 기쁜
꼰뗀치

sentimento 쎈치멘뚜 감정, 느낌

amor 아모르 사랑

tristeza 뜨리스떼자 슬픔

alegria 알레그리아 기쁨

medo 메두 두려움

esperança 에스뻬란싸 희망

solidão 쏠리다웅 외로움

ódio 오지우 증오

desespero 데제스뻬루 절망

coragem 꼬라젱 용기

gostar 고스따르 좋아하다

amar 아마르 사랑하다

adorar 아도라르 매우 좋아하다

detestar 데떼스따르 싫어하다

chorar 쇼라르 울다

rir 히르 웃다

nervoso/nervosa 네르보주/네르보자 긴장한

preocupado/preocupada 걱정스러운
쁘레오꾸빠두/쁘레오꾸빠다

entusiasmado/entusiasmada 흥분한
엔뚜지아스마두/엔뚜지아스마다

deprimido/deprimida 우울한
데쁘리미두/데쁘리미다

nojento/nojenta 노젠뚜/노젠따 역겨운

miserável 미제라베우 비참한

terrível 떼히베우 끔찍한

doloroso/dolorosa 돌로로주/돌로로자 침통한

chato/chata 샤뚜/샤따 짜증나는, 지루한

fofo/fofa 포푸/포파 귀여운

atraente 아뜨라엔치 매력적인

문화 엿보기

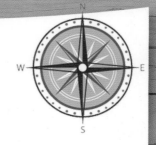

문학

● 주제 사라마구(José Saramago)

　　주제 사라마구는 1998년 노벨문학상을 수상한 포르투갈 출신 작가입니다. 공산주의 불법정당에서 활동하다가 추방된 후 번역가, 언론인으로 활동했고 희곡, 소설, 시, 회고록 등 다양한 장르의 저서를 출간했습니다. 《눈먼 자들의 도시(Ensaio sobre a Cegueira)》는 국내에도 잘 알려진 작품으로 2008년에 영화로 제작되기도 했습니다. 그의 작품은 포르투갈에서만 2백만 부 이상 팔렸으며 전 세계 25개 언어로 번역되었습니다.

● 마샤두 지 아시스(Machado de Assis)

　　브라질 문학의 거장으로 알려진 마샤두 지 아시스는 시, 소설, 희곡, 연대기 등 전 장르에 걸쳐 작품을 썼습니다. 가난한 가정에서 태어나 제대로 된 교육을 받지 못했지만 이를 극복하기 위해 독학으로 공부했다고 알려져 있습니다. 그의 대표작 중 하나인 《브라스 꾸바스의 사후 회고록(Memórias Póstumas de Brás Cubas)》은 브라질에 리얼리즘을 처음으로 도입한 작품으로 꼽힙니다.

● 파울로 코엘료(Paulo Coelho)

　　브라질의 극작가, 작사가, 언론인으로 활동한 파울로 코엘료는 《연금술사(O Alquimista)》라는 작품으로 세계적인 베스트셀러 작가가 되었습니다. 2009년 '세계에서 가장 많은 언어로 번역된 작가'로 기네스북에 등재되었는데요, 그의 작품들은 전세계 170여 개국 80개 언어로 번역 출판되었습니다. 대표작으로는 《브리다》, 《알레프》, 《베로니카 죽기로 결심하다》 등이 있습니다.

A janela está quebrada.
창문이 깨져 있어.

기본회화

Eunhee: **A janela está quebrada.**
아 쟈넬라 에스따 께브라다

Júlio: **Você está bem?**
보쎄 에스따 벵

Eunhee: **Sim, mas minha jóia desapareceu.**
씽 마스 미냐 죠이아 데자빠레쎄우

Tenho que denunciar agora mesmo.
떼뉴 끼 데눈씨아르 아고라 메스무

Júlio: **Não acredito! Que chato!**
나웅 아끄레지뚜 끼 샤뚜

Eunhee: **Pois, é!**
뽀이스 에

Vamos jantar fora?
바무스 쟌따르 포라

Júlio: **Vamos.**
바무스

해석

은희: 창문이 깨져 있어.
줄리우: 넌 괜찮아?
은희: 응, 그런데 내 보석이 없어졌어.
지금 당장 신고해야겠어.
줄리우: 말도 안돼! 정말 짜증난다!
은희: 그러게 말야!
저녁 밖에서 먹을까?
줄리우: 그래.

기본회화 해설

1. A janela está quebrada. 창문이 깨져 있어.

수동태의 문장입니다. 수동태는 'estar+과거분사'로 만들어주면 되는데, 과거분사는 다음과 같이 동사원형의 어미 -ar 대신 -ado, -er나 -ir 대신 -ido를 붙여서 만듭니다.

> • **규칙형** fal*ar* → fal*ado* 말하다   viv*er* → viv*ido* 살다   fug*ir* → fug*ido* 도망가다

quebrar(깨다)의 과거분사는 규칙형으로 quebrado인데, 수동태에서는 과거분사가 주어의 성, 수에 일치해야 하기 때문에 여성형에 맞는 quebrada로 쓴 것입니다.

2. Tenho que denunciar agora mesmo. 지금 당장 신고해야겠어.

'ter que+동사원형'은 '~해야 한다'라는 뜻입니다. ter는 불규칙동사로 다음과 같이 변합니다.

tenho 떼뉴	temos 떼무스
tens 뗑스	tendes 뗀데스
tem 뗑	têm 뗑

3. Vamos jantar fora? 저녁 밖에서 먹을까?

'ir+동사원형'은 '~할 것이다'라는 뜻으로 단순한 미래를 나타내며, 'vamos+동사원형'은 '~를 하자'라는 제안의 뜻이 있습니다. ir는 불규칙동사로 다음과 같이 변합니다.

vou 보우	vamos 바무스
vais 바이스	ides 이데스
vai 바이	vão 바웅

새로 나온 단어

janela 쟈넬라 창문
quebrada 께브라다 quebrar(깨다)의 과거분사 여성 단수형
mas 마스 그런데, 그러나
jóia 죠이아 보석
desapareceu 데자빠레쎄우 desaparecer(사라지다)의 완전과거 3인칭 단수형
denunciar 데눈씨아르 신고하다

agora 아고라 지금
mesmo 메스무 바로
acredito 아끄레지뚜 acreditar(믿다)의 1인칭 현재형
chato 샤뚜 짜증난, 지루한, 납작한
pois 뽀이스 그래서, 따라서
jantar 쟌따르 저녁식사
fora 포라 밖에

Eunhee: **O roteiro de viagem está montado?**
우 호떼이루　 지 비아젱　 에스따 몬따두

Júlio: **Sim, já estamos prontos para viajar!**
씽　 쟈 에스따무스　 쁘론뚜스　 빠라　 비아쟈르

Eunhee: **Todos os documentos devem ser checados.**
또두스　 우스 도꾸멘뚜스　 데빙　 쎄르 셰까두스

Júlio: **Eu chequei duas vezes.**
에우 셰께이　 두아스　 베지스

Eunhee: **E as reservas do hotel estão impressas?**
이 아스 헤제르바스　 두 오떼우　 에스따웅 임쁘레싸스

Júlio: **Já está tudo pronto!**
쟈　 에스따 뚜두　 쁘론뚜

은희:　 여행 일정은 다 만들었니?
줄리우: 응, 이제 우리는 여행 갈 준비가 다 됐어!
은희:　 모든 서류를 다 체크해야 돼.
줄리우: 내가 두 번 체크했어.
은희:　 호텔 예약표는 인쇄했어?
줄리우: 모든 것이 준비되었어!

4. O roteiro de viagem está montado? 여행 일정은 다 만들었니?

포르투갈어에서 영어의 be동사에 해당되는 동사는 ser와 estar가 있습니다. 따라서 수동태 역시 'ser+과거분사', 'estar+과거분사' 두 가지 형태로 만들 수 있습니다. 아래 예시를 통해 차이를 알아 보겠습니다.

> (a) É proibido estacionar. 에 쁘로이비두 에스따씨오나르
> (b) Está proibido estacionar. 에스따 쁘로이비두 에스따씨오나르

두 문장 모두 '주차 금지'라는 뜻이지만, (a)에서 ser 동사는 지속성을 나타내며, (b)에서 estar 동사 는 '특정한 기간', '상태'를 나타냅니다.

5. Sim, já estamos prontos para viajar! 응, 이제 여행 갈 준비가 다 됐어!

pronto는 '완성된, 준비된'을 뜻하는 형용사입니다. ser와 쓰이냐, estar와 쓰이냐에 따라 뜻이 달라 지는 형용사가 있는데, pronto도 그중 하나입니다. ser pronto는 '똑똑하다'라는 뜻을 의미할 수 있 고, estar pronto는 '준비된'이라는 뜻으로 쓰입니다.

> (c) Ele está doente. 엘리 에스따 도엔치 그는 아프다.
> (d) Ele é doente. 엘리 에 도엔치 그는 환자다.

두 문장은 다르게 해석되는데, (c)는 그가 '오늘은 아프지만 내일은 아프지 않을 수 있다'는 뜻이고, (d)는 '그가 오랜 기간 병을 앓고 있는 환자'로 해석할 수 있습니다.

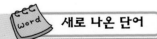 새로 나온 단어

roteiro 호떼이루 일정
viagem 비아젱 여행
montado 몬따두 montar(만들다)의 과거분사
pronto 쁘론뚜 준비된
documento 도꾸멘뚜 서류
checado 셰까두 checar(체크하다)의 과거분사

chequei 셰께이 checar(체크하다)의 완전과거 1인칭 단수형
duas 두아스 dois(둘)의 여성
vezes 베지스 vez(번, 회)의 복수
reserva 헤제르바 예약
hotel 오떼우 호텔
impressas 임쁘레싸스 imprimir(인쇄하다)의 과거분사

Isabel é respeitada no trabalho.
이싸베우 에 헤스뻬이따다　 누　 뜨라발류

이사벨은 직장에서 존경받는다.

Esse documento é requerido.
에씨　 도꾸멘뚜　　　 에 헤께리두

그 서류는 필수이다.

> **Tip**
> 'ser+과거분사'는 동작 수동,
> 'estar+과거분사'는 상태 수동
> 을 나타냅니다.

A porta está fechada.
아 뽀르따　 에스따 페샤다

문이 닫혀 있다.

Essa frase está escrita na bíblia.
에싸　 프라지 에스따 에스끄리따 나　 비블리아

그 구절은 성경에 써 있다.

> **Tip**
> escrito는 escrever(쓰다)의 불
> 규칙형태의 과거분사입니다.

Recebi uma carta escrita à mão.
헤쎄비　　 우마　 까르따 에스끄리따 아 마웅

나는 손으로 쓰인 편지(손편지)를 받았다.

> **Tip**
> 과거분사를 형용사처럼 쓸 수도
> 있습니다. 다만 성, 수의 일치에
> 주의해야 합니다.

"Deus está morto", disse Nietzsche.
데우스　　 이쓰다 모르뚜　　　 지씨　　 니치

니체는 "신은 죽었다"고 말했다.

Vamos jantar em Itaewon às 8, então?
바무스　 쟌따르　 엥　 이태원　　 아스 오이뚜 인따웅

우리 그럼 이태원에서 8시에 저녁 먹을까?

> **Tip**
> 여기서 combinado는 '합의를
> 본'이란 뜻의 형용사입니다. 회
> 화에서는 주로 está의 es를 생
> 략하고 tá만 발음하는 경향이
> 있습니다.

Está combinado!
에스따 콤비나뚜

좋아!

O problema está resolvido.
우 쁘로블레마　　 에스따 헤조우비두

문제가 해결되었다.

Estou muito cansada.
에스또우 무이뚜　 깐싸다

나는 매우 피곤하다.

Tip

satisfazer(만족시키다, 만족하게 하다)의 과거분사는 불규칙형으로 satisfeito입니다.

Tip

pelos는 접속사 por와 관사 os의 결합형입니다.
por+o: pelo
por+a: pela
por+os: pelos
por+as: pelas

Estou muito satisfeito.
에스또우 무이뚜　싸치스페이뚜
나는 아주 만족스럽다.

Estamos muito chocados.
에스따무스　무이뚜　쇼까두스
우리는 매우 충격받았다.

Dois ladrões foram capturados por policiais.
도이스 라드로잉스 포랑　깝뚜라두스　뽀르 뽈리씨아이스
두 명의 도둑이 경찰에 잡혔다.

A montanha está coberta de neve.
아 몬따냐　에스따 꼬베르따　지　네비
산은 눈으로 덮여 있다.

O ator foi aplaudido pelos espectadores.
우 아우또르 포이 아쁠라우지두 뻴루스　에스뻭따도리스
그 배우는 관객들로부터 박수를 받았다.

주요표현 단어

respeitada 헤스뻬이따다 respeitar(존경하다)의 과거분사

trabalho 뜨라발류 일, 직장

documento 도꾸멘뚜 서류

requerido 헤께리두 requerer(요구하다)의 과거분사

porta 뽀르따 문

fechado 페샤두 fechar(닫다)의 과거분사

frase 프라지 구절

escrito 에스끄리뚜 escrever(쓰다)의 과거분사

bíblia 비블리아 성경책

carta 까르따 편지

mão 마웅 손

resolvido 헤조우비두 resolver(해결하다)의 과거분사

cansado 깐싸두 cansar(피로하게 하다)의 과거분사

Deus 데우스 하나님

combinado 꼼비나두 combinar(조정하다)의 과거분사

satisfeito 싸치스페이뚜 satisfazer(만족시키다)의 과거분사

chocado 쇼까두 chocar(충격을 주다)의 과거분사

ladrão 라드라웅 도둑

capturado 깝뚜라두 capturar(잡다)의 과거분사

policial 뽀리시아우 경찰, 경찰의

montanha 몬따냐 산

neve 네비 눈

ator 아또르 배우

aplaudido 아쁠라우지두 aplaudir(박수를 보내다)의 과거분사

espectador 에스뻭따도르 관객

문법이야기

동사원형을 과거분사로 만드는 법

이번에는 과거분사에 대해 알아보겠습니다.

1. 먼저 규칙형태의 과거분사를 만드는 법입니다.

-ar로 끝나는 동사는 ar 대신 ado를 붙여주고, -er나 -ir로 끝나는 동사는 er와 ir 대신 ido를 붙여주면 됩니다.

falar → falado 말하다   comer → comido 먹다   sumir → sumido 없어지다

2. 불규칙형태의 과거분사는 어떻게 만들까요?

과거분사가 -to로 끝나는 동사들

fazer → feito 하다   escrever → escrito 쓰다

abrir → aberto 열다   pôr → posto 놓다

이렇게 만든 과거분사는 어디에 쓸까요? 먼저 형용사처럼 쓸 수 있습니다. 당연히 수식하는 명사의 성, 수와 일치해야 합니다.

A janela está **aberta**. 아 쟈넬라 에스따 아베르따 창문이 열려 있다. → a janela **aberta** 열린 창문

O cachorro está **morto**. 우 까쇼후 에스따 모르뚜 개가 죽어 있다. → o cachorro **morto** 죽은 개

이외에 규칙과 불규칙 두 형태를 다 사용하는 동사들이 있습니다.

aceitar → aceit**ado**, aceito 응하다, 받아들이다

entregar → entreg**ado**, entregue 넘겨주다, 전하다

prender → prend**ido**, preso 체포하다

위의 경우, 규칙형태의 과거분사는 주로 ter(가지다), haver(있다) 동사와 사용하여 복합시제를 만들고, 불규칙형태의 과거분사는 주로 ser, estar 동사와 사용하여 수동태를 만듭니다.

Ela **tem** aceitado a minha opinião. 그녀는 나의 의견을 받아들였다.
엘라 뗑 아쎄이따두 아 미냐 오삐니아웅

A tua opinião **foi** aceito por muitos. 너의 의견은 많은 사람들에 의해 받아들여졌다.
아 뚜아 오삐니아웅 포이 아쎄이뚜 뽀르 무이뚜쓰

O carteiro já **havia/tinha** entregado a carta. 집배원은 이미 편지를 배달했다.
우 까르떼이루 쟈 아비아/칭냐 엔뜨레가두 아 까르따

A carta **foi** entregue pelo carteiro. 편지는 집배원에 의해 배달되었다.
아 까르따 포이 엔뜨레기 뻴루 까르떼이루

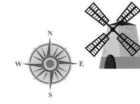

1. 다음의 문장을 수동태로 바꿔 보세요.

1) Pedro faz uma apresentação.

2) Meu namorado escreve uma poesia.

3) Maria fechou a porta.

4) Os ladrões roubaram o carro azul.

• apresentação 발표
• namorado 남자친구
• poesia 시
• fechar 닫다
• porta 문
• ladrão 도둑
• roubar 훔치다
• carro 자동차
• azul 파란

2. 괄호 안에 알맞는 과거분사 형태를 넣으세요.

1) Os livros mais (   ). 가장 많이 읽힌 책들.

2) O restaurante (   ). 예약된 식당.

3) O ator (   ). 알려진 배우.

4) O chefe (   ). 존경받는 상사.

5) O jornal mais (   ). 가장 많이 팔린 신문.

• ler 읽다
• reservar 예약하다
• conhecer 알다
• respeitar 존경하다
• jornal 신문
• vender 팔다

3. 다음 문장의 틀린 부분을 바르게 고치세요.

1) Os ladrões foi preso.

2) Esta carta está escrevida em português.

3) O convite foi aceitado.

4) Camilo foi levo ao hospital.

• prender 잡다
• convite 초대, 초대장
• aceitar 응하다, 받다
• levar 가지고 가다, 데려가다

정답

1. 1) Uma apresentação é feita por Pedro.   2) Uma poesia é escrita por meu namorado.   3) A porta foi fechada por Maria.   4) O carro azul foi roubado por ladrões.   2. 1) lidos   2) reservado
3) conhecido   4) respeitado   5) vendido   3. 1) Os ladrões foram presos.   2) Esta carta está escrita em português.   3) O convite foi aceito.   4) Camilo foi levado ao hospital.

주제별 단어

▶ 직업

funcionário/funcionária
푼씨오나리우/푼씨오나리아
직원

policial 경찰
뽈리씨아우

bancário/bancária
반까리우/반까리아
은행원

cozinheiro/cozinheira
꼬징예이루/꼬징예이라
요리사

médico 의사
메지꾸/메지까

enfermeiro/enfermeira
엔페르메이루/엔페르메이라
간호사

pintor/pintora
삔또르/삔또라
화가

trabalhador/trabalhadora
뜨라발랴도르/뜨라발랴도라
노동자

estudante 에스뚜단치 학생

professor/professora 선생님
쁘로페쏘르/쁘로페쏘라

jornalista 조르날리스따 기자

cientista 씨엔치스따 과학자

pesquisador/pesquisadora 연구원
뻬스끼싸도르/뻬스끼싸도라

motorista 모또리스따 운전사

arquiteto/arquiteta 아르끼떼뚜/아르끼떼따 건축가

político/política 뽈리치꾸/뽈리치까 정치인

advogado/advogada 변호사
아지보가두/아지보가다

juiz/juíza 주이쓰/주이싸 판사

cabeleleiro/cabeleleira 미용사
까벨렐레이루/까벨렐레이라

dona de casa 도나 지 까자 주부

bombeiro 봄베이루 소방관

vendedor/vendedora 벤데도르/벤데도라 판매원

empresário/empresária 사업가
엠쁘레싸리우/엠쁘레싸리아

funcionário público/funcionária pública
푼씨오나리우 뿌블리꾸/ 푼씨오나리아 뿌블리까 공무원

guia 기아 여행가이드

técnico/técnica 떽니꾸/떽니까 기술자

secretário/secretária 쎄끄레따리우/쎄끄레따리아 비서

chefe 셰피 사장

diretor de cinema 지레또르 지 씨네마 영화감독

ator 아또르 배우

atriz 아뜨리쓰 여배우

cantor/cantora 깐또르/깐또라 가수

estilista 에스칠리스따 패션 디자이너

modelo 모델루 모델

상파울루의 아시아

　브라질은 여러 나라로부터 이민을 적극적으로 받아들인 국가입니다. 특히 많은 이민자들이 중남미 최대 경제도시인 상파울루에 거주하고 있습니다. 대부분의 한인들과 일본인, 중국인들도 상파울루에 정착하였습니다.

●봉헤치루(Bom Retiro)

　봉헤치루는 한인 상점, 음식점, 카페, 노래방, 미장원 등을 찾아볼 수 있는 상파울루(São Paulo)의 한인타운입니다. 상파울루시 정부가 2010년 이곳을 '상파울루 코리아 타운(Bairro Coreano em São Paulo)'으로 지정하여 거의 모든 브라질 사람들이 봉헤치루를 한인타운으로 인식하고 있습니다. 원래 유대인 지역으로 알려져 있었지만, 90년대 이후 점차 한인들의 생활터전이 되었습니다. 많은 한인들이 의류업에 종사하며, 직접 디자인, 생산, 판매 등 전 과정을 담당하며 의류 상권을 장악하고 있습니다. 브라질 한인교포 수는 약 5만 명 정도로 대부분이 상파울루에서 거주합니다. 2018년은 브라질 한인 이민 55주년입니다.

●리베르다지(Liberdade)

　봉헤치루가 한인타운이라면 리베르다지는 일본인타운입니다. 리베르다지에는 일본이민박물관이 있고 거리 입구에는 빨간색의 '토리(torii 일본 신사 입구 기둥문)'가 설치되어 있습니다. 리베르다지 거리에는 다양한 동양인 식당, 상점, 의류점 등이 즐비합니다. 매주 토요일과 일요일 리베르다지 역 광장에서 장(feiras)이 열리며 다양한 동양 음식과 수제품, 공예품 등을 살 수 있습니다. 상파울루 내 일본 커뮤니티는 약 70만 명에 달하며 일본계 브라질인(nipo-brasileiro)들은 브라질 사회 각계에 진출해 정치인, 군인, 가수, 배우, 축구선수 등으로 활동하고 있습니다. 2018년은 브라질 일본인 이민 110주년입니다.

Só queria te contar uma coisa.
너한테 알려주고 싶은 것이 있어서.

 기본회화

Rebeca: **Alô!**
알로

Sejun: **Oi, Rebeca. Está ocupada?**
오이 헤베까 에스따 오꾸빠다

Rebeca: **Oi, Sejun. Um pouco, por quê?**
오이 세준 웅 뽀우꾸 뽀르 께

Sejun: **Só queria te contar uma coisa.**
쏘 께리아 치 꼰따르 우마 꼬이자

Rebeca: **Conta.**
꼰따

Sejun: **Eu consegui um emprego na Espanha.**
에우 꼰쎄기 웅 엠쁘레구 나 에스빠냐

Rebeca: **Que legal! Parabéns!**
끼 레가우 빠라벵스

Vou te ligar mais tarde porque tenho uma reunião agora.
보우 치 리가르 마이스 따르지 뽀르끼 떼뉴 우마 헤우니아웅 아고라

해석

헤베까: 여보세요?
세준: 안녕, 헤베까. 바빠?
헤베까: 안녕, 세준아. 조금 바빠, 왜?
세준: 너한테 알려주고 싶은 것이 있어서.
헤베까: 말해 봐.
세준: 나 스페인에 일자리 구했어.
헤베까: 잘됐다! 축하해! 지금 회의가 있어서 나중에 다시 전화할게.

1. Alô! 여보세요?

alô는 영어의 hello에 해당하며 주로 전화할 때 사용됩니다. 다음 예문을 살펴보겠습니다.

Alô! Aqui é a Sara. 알로 아끼 에 아 싸라 여보세요! 저는 사라입니다.

Alô! Quem fala? 알로 껭 팔라 여보세요! 누구세요?

2. Só queria te contar uma coisa. 너한테 알려주고 싶은 것이 있어서.

queria는 querer 동사의 직설법 불완전과거로 '~하고 싶다'라는 뜻을 나타냅니다. contar(이야기하다) 동사 앞에 간접목적격 te를 붙인 문장입니다. 간접목적격은 다음과 같습니다.

인칭	단수	복수
1인칭	me 나에게	nos 우리에게
2인칭	te 너에게	vos 너희에게
3인칭	lhe 그에게, 그녀에게, 당신에게	lhes 그들에게, 그녀들에게, 당신들에게

브라질 회화에서는 lhe보다 전치사 para를 사용한 'para ele, para ela, para você'가 더 자주 쓰입니다.

3. Vou te ligar mais tarde porque tenho uma reunião agora.
지금 회의가 있어서 나중에 다시 전화할게.

예문을 통해 간접목적격의 사용을 더 자세히 알아보겠습니다.

Ele *me* ligou ontem à noite. 엘리 미 리고우 온뗑 아 노이치 그는 어젯밤에 내게 전화했다.

Vou *te* ligar amanhã. 보우 치 리가르 아마냐 내일 너에게 전화할게.

Vou *lhe* contar mais tarde. 보우 리 꼰따르 마이스 따르지 그녀에게 나중에 말해줄 거야.

 새로 나온 단어

alô 알로 여보세요
ocupado 오꾸빠두 바쁜
pouco 뽀우꾸 조금
só 쏘 단지
conta 꼰따 contar(말하다)의 직설법 3인칭 단수
coisa 꼬이자 것, 사물

consegui 꼰쎄기 conseguir(달성하다)의 1인칭 완전과거형
emprego 엠쁘레구 일자리
parabéns 빠라벵스 축하합니다
ligar 리가르 전화하다
reunião 헤우니아웅 회의

Sejun: **Minha namorada sempre me dá presentes.**
미냐　나모라다　쎔쁘리　미 다 쁘레젠치스

Eu também quero lhe dar um presente no nosso
에우 땅벵　께루　리 다르 웅 쁘레젠치 누 노쑤

aniversário de namoro.
아니베르싸리우　지 나모루

Rebeca: **O que você vai lhe dar de presente?**
우 끼 보쎄 바이 리 다르 지 쁘레젠치

Sejun: **Não sei. Me ajude, por favor.**
나웅 쎄이 미 아쥬지 뽀르 파보르

Rebeca: **Você pode lhe dar um anel e flores.**
보쎄 뽀지 리 다르 웅 아네우 이 플로리스

Sejun: **É boa idéia.**
에 보아 이데이아

Rebeca: **Sim, e reserve um restaurante romântico.**
씽 이 헤제르비 웅 헤스따우란치 호만치꾸

세준: 내 여자친구는 항상 내게 선물을 줘.
　　　나도 우리 기념일에는 그녀에게 선물을 주고 싶어.
헤베까: 선물 뭐 줄 거야?
세준: 모르겠어. 나 좀 도와줘.
헤베까: 그녀에게 반지와 꽃을 주면 될 것 같아.
세준: 좋은 생각이야.
헤베까: 응, 그리고 로맨틱한 식당을 예약해 놔.

4. Minha namorada sempre me dá presentes. 내 여자친구는 항상 내게 선물을 줘.

브라질 회화에서 목적격대명사는 주로 동사 바로 앞에 옵니다.

> Deus sempre *nos* ajuda. 데우스 쎔쁘리 노스 아쥬다 신은 항상 우리를 도우신다.

5. Eu também quero lhe dar um presente. 나도 그녀에게 선물을 주고 싶어.

동사가 두 개 이상인 문장의 경우 목적격대명사는 동사 사이에 놓일 수 있습니다.

> Eu *quero* te *olhar*. 에우 께루 치 올랴르 나는 당신을 바라보고 싶다.

6. Me ajude, por favor. 나 좀 도와줘.

위 문장과 같이 접속법 현재형태를 사용하여 명령형을 만들 수 있습니다. 주로 você(s)에 대한 명령형 표현으로 사용됩니다. 규칙형 동사인 경우, 다음의 규칙이 적용됩니다.

동사원형	1인칭 단수 현재(직설법)	3인칭 단수 / 복수(접속법)
fal**ar**	fal**o**	fal**e** / fal**em**
com**er**	com**o**	com**a** / com**am**
v**ir**	venh**o**	venh**a** / venh**am**

> Somente fale a verdade. 쏘멘치 팔리 아 베르다지 (당신은) 오직 진실만을 말하세요.
>
> Comam tudo! 꼬망 뚜두 (너희들) 다 먹어!

글을 쓸 때 동사로 시작하는 문장에서는 목적격대명사가 뒤에 오는 것을 원칙으로 합니다. 이때 하이픈을 주의하세요.

> Me ligue, por favor. → *Ligue-me*, por favor. 제게 전화해 주세요.
> 미 리기 뿌르 파보르　　　리기 미 뿌르 파보르

 새로 나온 단어

namorado/namorada 나모라두/나모라다 애인
me 미 나에게(간접목적격)
dá 다 dar(주다)의 3인칭 단수형
presente 쁘레젠치 선물
nosso 노쑤 우리의
aniversário 아니베르싸리우 기념일, 생일
namoro 나모루 연애
ajude 아쥬지 ajudar(도와주다)의 접속법 3인칭 단수형

lhe 리 그에게, 그녀에게(간접목적격)
pode 뽀지 poder(되다)의 3인칭 단수형
anel 아네우 반지
flor 플로르 꽃
idéia 이데이아 생각
reserve 헤제르비 reservar(예약하다)의 접속법 3인칭 단수
restaurante 헤스따우란치 식당
romântico 호만치꾸 로맨틱한

Você pode me emprestar seu computador?

보쎄 뽀지 미 엠쁘레스따르 쎄우 꼼뿌따도르

네 컴퓨터를 내게 빌려줄 수 있니?

> **Tip**
>
> 동사변형과 동사원형이 함께 있는 문장의 경우 목적격대명사는 중간에 놓입니다.

Vou te dar meu coração.

보우 치 다르 메우 꼬라싸웅

내 마음을 너에게 줄게.

Não me disseram nada.

나웅 미 지쎄랑 나다

(그들은) 내게 아무 말도 하지 않았다.

> **Tip**
>
> não, nem, nada, nunca 등 부정어 뒤에는 문어체로도 목적격 대명사가 동사 앞에 놓입니다.

Ele me mandou uma mensagem.

엘리 미 만도우 우마 멘싸젱

그는 내게 메시지를 보냈다.

Enviei-lhe uma mensagem.

엔비에이리 우마 멘싸젱

당신에게 메시지를 보냈다.

> **Tip**
>
> agradeço는 agradecer(감사하다)의 직설법 현재 1인칭 단수형입니다.

Agradeço a todos que me ajudaram.

아그라데쑤 아 또두스 끼 미 아쥬다랑

저를 도와주신 모든 분들께 감사합니다.

Parabéns amor, te desejo tudo de bom.

빠라벵스 아모르 치 데세쥬 뚜두 지 봉

생일 축하해 자기야, 좋은 일만 가득하길 바랄게.

> **Tip**
>
> 연인을 부를 때 amor라고 부르기도 합니다. '내 사랑'은 'meu amor'가 되겠죠?
> 여기서 tudo는 '모두, 전부'를 뜻하는 부정대명사입니다.

Alô? Aqui é a Camila.

알로 아끼 에 아 까밀라

여보세요? 까밀라야.

Eu te liguei, mas ninguém atendeu.

에우 치 리게이 마스 닝겡 아뗀데우

너한테 전화했는데 아무도 받지 않았어.

> **Tip**
>
> 회화에서는 직설법 3인칭 단수 현재형태가 명령의 의미로 사용되기도 합니다.
> '입맞춤'을 뜻하는 beijo(s)는 문자를 쓸 때 맺음말(인사말)로 사용됩니다.

Me liga mais tarde! Beijos.

미 리가 마이스 따르지 베이쥬스

나중에 내게 전화 줘.

Tip

영어의 'please'에 해당하는 'por favor'를 붙이면 정중함을 표현할 수 있습니다.

Tip

'당기시오'는 'Puxe[뿌시]'입니다.

Tip

voltar(돌아오다)와 sempre(항상)가 만나 '또 오세요'라는 의미로 쓰입니다.

Deixe o recado, por favor.

데이시 우 헤까두　뽀르 파보르

메시지를 남기세요.

Empurre.

엠뿌히

미세요.

Aperte o cinto de segurança.

아뻬르치 우 씬뚜　지 쎄구란싸

안전벨트를 매세요.

Não beba água contaminada.

나웅 베바　아구아 꼰따미나다

오염된 물을 마시지 마세요.

Veja o trailer do episódio final!

베쟈　우 뜨레일레르 두 에삐쏘지우　피나우

최종회 예고편을 보세요!

Tenha um bom dia e volte sempre!

떼냐　웅　봉　지아 이 보우치 쎙쁘리

좋은 하루 되시고 또 오세요!

word power

주요표현 단어

emprestar 엠쁘레스따르 빌려주다
dar 다르 주다
coração 꼬라싸웅 심장, 가슴
dizer 지제르 말하다
mensagem 멘싸젱 메시지
todo 또두 모든
parabéns 빠라벵스 축하
tudo 뚜두 모두, 전부

ninguém 닌겡 아무도
recado 헤까두 메모, 메시지
cinto 씬뚜 벨트
segurança 쎄구란싸 안전
contaminado 꼰따미나두 contaminar(오염시키다)의 과거분사
episódio 에삐쏘지우 에피소드

문법이야기

목적격인칭대명사와 재귀대명사

인칭		직접목적격	간접목적격	재귀대명사
단수	1인칭	me 나를	me 나에게	me
	2인칭	te 너를	te 너에게	te
	3인칭	o/a 그를, 그녀를, 당신을	lhe 그에게, 그녀에게, 당신에게	se
복수	1인칭	nos 우리를	nos 우리에게	nos
	2인칭	vos 너희를	vos 너희에게	vos
	3인칭	os/as 그들을, 그녀들을, 당신들을	lhes 그들에게, 그녀에게, 당신들에게	se

재귀대명사는 주어의 행위가 다시 주어로 되돌아가는 관계를 나타내는 대명사입니다. 포르투갈어의 목적격인칭대명사와 재귀대명사의 용법을 알아볼까요?

1. 동사가 하나인 문장의 경우 주로 동사 앞에 놓입니다.

Eu conheço **aquele menino.** → Eu **o** conheço. 나는 저 소년을 안다.

Eu vi **ela** no cinema ontem. → Eu **a** vi no cinema ontem. 나는 어제 그녀를 영화관에서 봤다.

Eu **lhe** enviei uma carta. 나는 그녀에게 편지를 보냈다.

Letícia **se** levantou e **se** vestiu. 레치씨아는 일어나서 옷을 입었다.

2. 동사가 두 개 이상인 문장의 경우 동사 사이 또는 동사 뒤에 놓일 수 있습니다.

• 변형된 동사와 동사원형이 함께 있는 문장의 경우 간접목적격대명사는 중간에 놓입니다.

Eu <u>vou **lhe** dizer</u> a verdade. 나는 그에게/그녀에게/당신에게 진실을 말하겠다.

Eu <u>preciso **te** contar</u> um segredo. 나는 너에게 비밀 하나를 말해 줘야 한다.

• r, s, z로 끝나는 동사의 경우 직접목적격대명사 o/a, os/as는 lo(s), la(s)가 됩니다.

Vou lavar as uvas. → Eu vou lavar **as**. → <u>Eu vou **lavá-las**</u>. 나는 포도를 씻을 것이다.

Eu vou comer o tomate. → Eu vou comer **o**. → <u>Eu vou **comê-lo**</u>. 나는 토마토를 먹을 것이다.

3. 다음의 경우 목적격대명사는 동사 뒤에 놓입니다.

• m, -ão, -õe와 같이 비음으로 끝나는 동사의 경우 직접목적격대명사 o/a, os/as는 no(s), na(s)가 됩니다.

Eles viram os ladrões. → Eles **viram-nos.** 그들은 도둑을 보았다.

• 동사로 문장이 시작될 경우 하이픈을 사용해 줍니다.

Entregaram-me as chaves. 내게 열쇠를 건네줬다.

Olhei-me ao espelho. 나는 거울을 봤다.

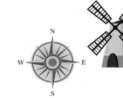

1. 다음 괄호 안에 알맞은 목적격인칭대명사를 쓰세요.

1) 그들은 스스로를 존경한다.

Eles ( ) respeitam.

2) 김은 나를 포옹해 줬다.

Kim ( ) deu um abraço.

3) 나는 옷을 빨 것이다.

Eu vou lavar as roupas.

Eu vou lavá-( ).

4) 나는 공항에서 레오나르도를 봤다.

Eu vi Leonardo no aeroporto.

Eu ( ) vi.

5) 그는 파티에서 라우라를 만나지 못했다.

Ele não encontrou a Laura na festa.

Ele não ( ) encontrou na festa.

2. 다음을 포르투갈어로 작문하세요.

1) 나는 핸드폰을 팔 것이다. 나는 그것을 팔 것이다.

2) 나는 여행가방을 열고 싶다. 나는 그것을 열고 싶다.

3) 나는 너에게 선물 하나를 줄 것이다.

4) 너는 나를 사랑하지 않는다.

5) 나는 그에게 편지 하나를 보냈다.

note

- respeitar 존경하다
- abraçar 안다, 포옹하다
- abraço 포옹
- aeroporto 공항
- encontrar 만나다, 마주치다
- festa 파티

- vender 팔다
- celular 핸드폰
- mala 여행가방
- abrir 열다
- presente 선물
- dar 주다
- amar 사랑하다
- carta 편지

정답

1. 1) se   2) me   3) las   4) o   5) a   2. 1) Vou vender o celular./Vou vendê-lo.   2) Quero abrir a mala./Quero abri-la.   3) Vou te dar um presente.   4) Você não me ama.   5) Enviei-lhe uma carta.

▶생필품

tesoura 가위
떼조우라

lápis 연필
라삐스

caderno 공책
까데르누

carta 편지
까르따

espelho 거울
에스뻴류

papel higiênico 휴지
빠뻬우 이지에니꾸

toalha 수건
또알랴

escova de dentes 칫솔
에스꼬바 지 덴치스

pasta de dentes 빠스따 지 덴치스 치약

shampoo 샴뿌 샴푸

condicionador 꼰지씨오나도르 린스

sabonete 싸보네치 비누

loção corporal 로싸웅 꼬르뽀라우 바디로션

creme de mãos 끄레미 지 마웅스 핸드크림

loção tônica 로싸웅 또니까 스킨

loção hidratante 로싸웅 이드라딴치 로션

creme hidratante 끄레미 이드라딴치 수분크림

sabonete de limpeza 싸보네치 지 림뻬자 폼클렌징

esfoliante 에스폴리안치 각질제거제

máscara facial 마스까라 파씨아우 마스크팩

protetor solar 쁘로떼또르 쏠라르 선크림

cosméticos 꼬스메치꾸스 화장품

perfume 뻬르푸미 향수

aparelho de barbear 아빠렐류 지 바르비아르 면도기

lâmina de barbear 라미나 지 바르비아르 면도날

absorvente 압쏘르벤치 생리대

pente 뻰치 빗

caneta 까네따 볼펜

caneta tinteiro 까네따 친떼이루 만년필

borracha 보하샤 지우개

régua 헤구아 자

cola 꼴라 풀

cartão postal 까르따웅 뽀스따우 엽서

cartão de visita 까르따웅 지 비지따 명함

envelope 엔벨로삐 봉투

folha 폴랴 종이

lapiseira 라삐제이라 필통

calculadora eletrônica 전자계산기
까우꿀라도라 엘레뜨로니까

문화 엿보기

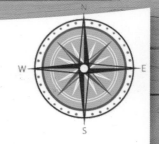

브라질의 술과 음료

● 까이삐리냐(Caipirinha)

'브라질의 국민 칵테일'이라 불리는 까이삐리냐는 포르투갈어로 '시골 아가씨'라는 의미를 가지고 있습니다. 브라질의 소주라고도 말하는 사탕수수를 이용한 증류주인 까샤사(Cachaça)를 베이스로 하는 칵테일입니다. 보드카를 베이스로 해서 만들 경우 까이삐로스까(Caipirosca)라고 합니다.

● 과라나(Guaraná Antarctica)

과라나는 과라나 씨의 추출액을 함유하는 브라질 대표 탄산음료입니다. 과라나는 아마존 강 유역에서 찾아볼 수 있는 과일 이름입니다. 안따르치까(Antarctica), 꾸아치(Kuat), 판타(Fanta) 등 여러 과라나 브랜드가 유통되고 있습니다.

● 아구아 지 꼬꾸(Água de coco)

브라질 사람들이 무더운 여름에 즐기는 음료 중 하나는 바로 '아구아 지 꼬꾸' 즉, 코코넛 워터입니다. 브라질은 세계에서 코코넛 워터를 가장 많이 생산하는 국가이기도 합니다. 브라질 시장, 해변가 등 키오스크(매점)에서는 바로 마실 수 있도록 코코넛 열매에 스트로를 꽂아줍니다.

Index

Index

찾아보기(가나다 순)

사

아

■저자 **원마리엘라**

한국외국어대학교 통번역대학원 한서과 졸업
한국외국어대학교 포르투갈어과 졸업
파라과이 18년 거주

■이력

브라질 FGV(제툴리우 바르가스 재단) 국제관계센터 인턴
〈허니블러드〉 웹툰 번역 및 감수(한서)
〈소록도의 간호사, 마리안느와 마가렛〉 다큐멘터리 영상 번역(한포)
〈어때요, 행복한가요?〉 도서 번역(서한)
〈아바나스테이션〉 쿠바 현대영화제 출품작 영상 번역(서한)
〈스포츠의 여왕, 육상경기 그 영웅들의 이야기〉 단행본 일부 번역(한포)

초판 1쇄 인쇄 2019년 3월 10일
초판 1쇄 발행 2019년 3월 15일

발행인 박해성
발행처 정진출판사
지은이 원마리엘라
편집 김양섭, 조윤수
기획마케팅 이훈, 박상훈, 이민희
디자인 허다경
삽화 그림숲
출판등록 1989년 12월 20일 제 6-95호
주소 02752 서울시 성북구 화랑로 119-8
전화 02-917-9900
팩스 02-917-9907
홈페이지 www.jeongjinpub.co.kr

ISBN 978-89-5700-159-2 *13770

• 본 책은 저작권법에 따라 한국 내에서 보호받는 저작물이므로 무단전재와 복제를 금합니다.
• 이 도서의 국립중앙도서관 출판예정도서목록(CIP)은 서지정보유통지원시스템 홈페이지(http://seoji.
  nl.go.kr)와 국가자료공동목록시스템(http://www.nl.go.kr/kolisnet)에서 이용하실 수 있습니다.
  (CIP제어번호 : CIP2019004626)
• 파본은 교환해 드립니다. 책값은 뒤표지에 있습니다.